＼攻めにも守りにも強い！／

株は100万
3点買い
で儲けなさい！

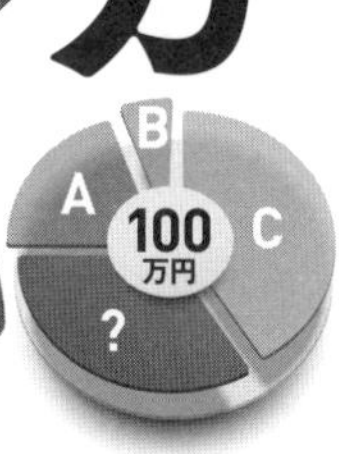

杉村富生
Tomio Sugimura

Subarusya

◎まえがき

■波乱相場を逆手に取る者が〝勝者〟となる

基本的に波乱相場である。だからこそ、「現状を正しく認識し、リスク・マネジメントを徹底せよ！」と主張している。軸がぶれてはいけない。これは筆者の持論である。これには、「マーケットの特性を理解し、行動せよ」の教えが含まれる。

日本の株式市場は、極めてボラティリティ（株価変動率）の高いマーケットである。特に、２０１８年がそうだった。２０１９年も同じような展開だろう。株価は、乱高下を繰り返している。この動きに振り回されてはいけない。〝勝者〟になるためには、この動きを逆手に取る必要がある。そう、「波乱はチャンス！」である。

なぜ、日本の株式市場はボラティリティが高いのか。これには、①機関化現象の進展、②外国人主導のマーケット、③新しい投資手法の登場、④投資スタイルの変化――などがあると思う。機関投資家の思考、行動は一方向に流れやすい。すなわち、買いと売りが極端にぶれる。それも、同時に、だ。そこに外国人の売買が拍車をかける。何しろ、外国人の委託売買代金シェアは現物が6～7割、先物が8～9割に達する。

さらに、ヘッジファンドも先物・オプションの売り買いに、アルゴリズム取引、ハイ・フリークエンシー・トレーディングを駆使、超高速高頻度売買を行なう。ＡＩ（人工知能）を使ったシステム売買だ。一般投資家は、このスピードと量に圧倒されてしまう。いや、誰もついていけないだろう。機関投資家の場合、リスク・パリティ制度を導入しているため、ＶＩＸ（恐怖）指数、金利上昇などの局面では、リスク（株式）資産を圧縮させざるを得ない。要するに、株価が下がると、一段安になる。

結局、日本の株式市場は２０１８年10月２日（日経平均株価は2万４４４８円のザラバ高値）↓10月26日（2万９７１円のザラバ安値）のように、下がるときは理不尽にトコトン下がる。これは、需給悪化が引き起こした暴落劇だ。一気に３４７７円幅、14・２％もの急落となった。このボラティリティの高さには、個人投資家だけではなく、機関投資家の間にさえ、「安心して運用できない」との声が挙がっている。当然だろう。

しかし、これが現実である。当局は、高速化を一段と進めている。マーケットが変わらない以上、個人投資家としてはこれに対応するしかない。嘆いていても始まらない。本書の唱えるところは、そこにある。

■技術革新に加え、歴史的なイベントも株式市場を後押し

トレンドを重視し、外部環境、および外国人、先物などの影響を受けにくい銘柄にマトを絞る——筆者は、これが個人投資家の生きる道だと訴えている。

ちなみに、売買手法には、①ひたすら値動きを追う短期・順張り、②安いところを買う長期・逆張り、③配当・株主優待を取るとともに、株式分割（資産成長）の権利を狙う優良株の長期投資——がある。これを、「組み合わせて」使う。なお、その組み合わせの比率は、投資資金と投資家自身の性格によって変える。

一方、2019年の相場については最終章でも詳述するが、基本的に2万2000円をはさみ、ボックスゾーンの動きになると想定している。そう、安いところは断固、買いになる。それに、企業の稼ぐ力は向上しているし、円高対応力は抜群だ。もちろん、日本株の出遅れ感もある。

さらに、イノベーション（技術革新）が株高を支えるだろう。これは、第4次産業革命（キーワードはCAMBRIC）に加え、ソサエティ5・0（社会改革）の進展が好例だ。これらによって、新しい成長企業が次々に誕生することになろう。

もちろん、足元の相場は波乱含みだ。企業業績では中国経済の減速、米中貿易戦争の影

響（世界経済にダメージ）、原材料・燃料価格の高騰、新興国通貨不安（価格急落）、自然災害の多発などを気にする向き（経営者など）が多い。しかし、ここは企業の対応力を評価すべきだろう。

ともあれ、全般相場はギクシャクするだろうが、筆者の周囲には「２０１７年相場に生涯最高クラスの運用成績を確保したが、２０１８年はもっとすごかった」と豪語する人たちが何人もいる。彼らは、波乱をチャンスに変えた人たちである。

２０１９年4月30日、「平成の時代」が幕を閉じる。5月1日以降、新元号のもと、日本は新たな時代へ移行し、２０２０年7月24日には、東京オリンピック・パラリンピックが開幕する。さらに、２０２５年には国際博覧会（大阪万博）が開催される。大阪では１９７０年以来55年ぶりの開催であり、政府はその経済効果を約2兆円と試算している。このような歴史的なイベントが株式市場を後押しする。

最後に、読者の皆様方にとって、２０１９年が株式投資を含め、より良い年になりますことを祈りつつ筆をおきたいと思う。

２０１８年12月

杉村　富生

株は100万　3点買いで儲けなさい！《目次》

《第2章》 2020年までに大活躍必至の20テーマと〝新〟成長株

《第３章》 勝ち残る投資戦術　短期・順張り作戦と長期・逆張り作戦

《第4章》 富を生む〝杉村流〟投資資金「100万円」ポートフォリオ

《第５章》　富を生む〝杉村流〟投資資金「３００万円」ポートフォリオ

《第6章》富を生む〝杉村流〟投資資金「500万円」ポートフォリオ

《最終章》東京オリンピックまであと1年！ 2019年相場の展望&「市場別」メダル候補銘柄を［大公開!!］

（注）本書に掲載しましたチャートの銘柄表記は、一部を除きゴールデン・チャート社に準じております。また、日経平均株価は正式には小数点第２位の銭表記までありますが、本書では煩雑になるのを避けるため、小数点以下は切り捨てて表記しています。なお、本書に記載された内容は、情報の提供のみを目的としております。投資、運用における判断は、読者各位の責任にてお願いします。

第1章

激変する
世界と株式市場

トランプ大統領に振り回される世界経済
貿易戦争に勝者なく、すべてが敗者となる

日本株は出遅れ顕著、株式投資の絶好機が到来！

２０１８年のＮＹダウは、年初の２万４８０９ドルが10月３日に２万６９５１ドルまで上昇した。これに対し、日経平均株価は年初の２万３０７３円が10月２日に２万４４４８円を示現した。この間の上昇率はＮＹダウが８・６％、日経平均株価が６・０％となる。

その後、両指数とも10月末にかけ急落したが、ＮＹダウは年初の始値を３％弱下回ったにすぎない。これに対し、日経平均株価は年初始値より９％強安い水準まで売られた。まさに、「ＡＭＥＲＩＣＡ　ＦＩＲＳＴ！」ではないか。だが、状況は変わりつつある。いよいよ、出遅れ著しい日本株の出番到来である。

「トランプ・ショック」が株価の急落をもたらす

その根拠はおいおいと説明するが、その前に世界経済を取り巻くリスクについて述べておこう。

トランプ大統領は、２０１８年6月1日に、ＥＵ（欧州連合）、カナダ、メキシコの鉄鋼とアルミニウムに関税を発動した。これに先立つ3月23日にも、輸入制限を発動している。

11月の中間選挙に向けた強硬策と見られたが、この動きにマーケットは疑心暗鬼となり、3月26日の日経平均株価は2万３４７円まで売り込まれた。これは、２０１８年の最安値であり、「トランプ・ショック」の大きさが分かる。

さらに、トランプ政権は6月15日、中国製品に25％の追加関税を課すと発表する。トランプ大統領は、記者会見で先端10分野において世界の覇権を狙う「中国製造２０２５」計画に言及し、「中国はアンフェアな方法でアメリアの知財、技術を入手している」と厳しく批判した。これを受け、ＮＹダウは同月28日に2万３９９７ドルまで下落している。

その後、7月6日に米中が自動車などを対象とした制裁関税を発動、日本市場では企業業績が悪化するのではないか、との懸念が高まった。実際、7月18日に2万2949円まで戻した日経平均株価は、8月13日に2万1851円まで急落した。この時期、安倍政権の支持率低下も影響したと思う。

特に、夏場以降は小型株がさえない。小型株は景気に敏感だ。マーケットは、世界経済の減速を織り込み始めているのだろうか。実際、2018年4〜6月における世界の貿易量は横ばいとなり、最近まで2年続いた拡大成長に終止符が打たれたことが報告されている。また、中国経済の減速も明らかとなった。2018年7〜9月期の実質成長率は6・5%で、これは2期連続のマイナスである。

このような状況下にあっても、トランプ大統領の〝攻撃〟は止む気配がない。貿易戦争の激化は、世界経済に深刻な悪影響を与える。これは、どの国に対しても何のメリットも生まないだろう。

ともあれ、一般的に貿易はウィンウィンの関係を前提とするが、貿易戦争の結果はすべて〝敗者〟になる。

マッドマン・セオリーの恐怖！

トランプ大統領の政策は、マッドマン・セオリー（狂気の戦略→これについて、筆者はこの表現はワシントンポストなど反トランプメディアの宣伝と理解）と呼ばれている。マッドマン・セオリーとは、かつてニクソン大統領が用いた戦略で、「何をするのか分からない狂人」を装い、相手の譲歩を引き出す瀬戸際的な戦略である。

トランプ大統領が唐突に打ち出す政策は、思いつくまま、行き当たりばったりだ。「トランプ大統領の政策に、論理的な整合性はまったくない」と断じる識者もいる。

中国だけでなくＥＵ、カナダ、日本などの同盟国に対しても輸入制限を課しており、ＥＵ、カナダは報復関税を発動すると表明している。アメリカに対する経常黒字国が標的である。

日本に対しては貿易赤字削減を取り上げ、圧力をかけ始めた。トランプ大統領は、自動車関税に目をつけ、輸入車に25％もの関税を課すと〝恫喝〟している。

もちろん、これはＷＴＯ（世界貿易機構）のルールを無視するものだが、トランプ大統領はお構いなしだ。もっとも、日本のアメリカ車の輸入が年間1万台に満たないのは事実（輸出は174万台）だが……。

2018年9月7日、日経平均株価は一時300円を超す下げとなり、6日続落となった。アメリカの対日赤字に対し、トランプ大統領が強硬発言をしたことにマーケットが反応したためだ。しかし、これは過剰反応だろう。

トランプ大統領は、そのうちいつの日か、かならず「円安はけしからん」と言い出すに違いない。これは想定内のことだ。何しろ、トランプ大統領の狙いは、第2のプラザ合意にある。

とはいうものの、マッドマン・セオリーだ。その日その時々の思いつきと感情が、トランプ大統領の言動の基本である。この点には細心の注意が必要だろう。マーケットは、これに振り回される。

トランプ大統領は、いったいどこまで暴走するのだろうか。また、彼のマッドマン・セオリーは、何を目的としているのだろうか（実は、筆者は知っている）。現時点では不明な点が多いが、結果的に第2次世界大戦後の国際秩序（外交・通商・防衛）が破壊されるのは間違いないだろう。

■「中国製造2025」戦略における10大重点分野

①	新世代情報技術産業
②	高度数値制御工作機械・ロボット
③	航空・宇宙装置・設備
④	海洋エンジニアリング装置・設備およびハイテク船舶
⑤	先進軌道交通装置・設備
⑥	省エネ・新エネルギー自動車
⑦	電力装置・設備
⑧	農業機械・設備
⑨	新材料
⑩	バイオ医薬・高性能医療機器

株式市場は、引き続いて、トランプ大統領のマッドマン・セオリーに振り回されるのは間違いない。

トランプ大統領の真の狙いは、ハイテク覇権を目指す「中国製造2025」つぶし、といわれている。そして、米中貿易摩擦は、世界的な通貨戦争に発展すると危惧する声がある。筆者の見方は異なるが、株価は当然影響を受ける。投資家としては、この〝異常事態〟に備えておく必要があろう。

アメリカの大統領には外交、通商、防衛分野において、絶大な権限が付与されている。多くの場合、議会の承認を必要としない。もっとも、大統領令の乱用には、批判が集まっている。

マーケットの関心事は、「誰がトランプ大統領の暴走を止めるのか」という点に移っている。それは結局、アメリカ国民（議会）だろう。すでに、与党の共和党は動き始めている。通商法、通商拡大法の乱用に規制をかけようというのだ。議会に法案が提出されている。ただ、すんなり決まるかどうか、疑わしい。規制が決まるにしても、相当時間がかかるだろう。

米中貿易戦争激化のツケ↓中国経済は急減速

日経平均株価は、8月13日の2万1851円でひとまず底入れとなり、その後は猛反発に転じた。ただし、10月2日の2万4448円（ザラバ高値）に対し、10月26日には2万9971円まで下げている。

先述どおり、米中はお互いに制裁関税をかけ合う措置を発動している。8月23日には、米中がお互いに160億ドル（約1兆7600億円）相当の輸入品に25％の制裁関税をかける措置を発動した。これは、7月6日の発動分と合わせると500億ドル（5兆5000億円）に相当する。

そして9月24日、トランプ政権は約2000億ドル（約22兆円）相当の中国製品に、10％の追加関税を課すことが報じられた。これは、対中制裁関税の第3弾目の発動である。これに対し、中国も報復関税を即日実施（600億ドル相当のアメリカからの輸出品に5～10％を上乗せ）した。

米中の貿易戦争は、裏を読めば両国の「ハイテク分野をめぐる戦い」でもあるが、トランプ大統領の仕掛けた貿易戦争が、一段とエスカレートしていることに疑う余地はない。ただ、解決策としては中国がアメリカの製品、農産物の輸入を拡大し、人民元の切り上げに踏み切ることが不可欠と思う。

もちろん、米中貿易戦争が激化する背景には、貿易不均衡の問題だけではなく、軍事問題がからんだ両国の覇権争いがある。世界1位の経済大国であり軍事大国であるアメリカと、世界2位の経済大国である中国（軍事力はロシアと僅差の3位）が争えば、どちらに軍配が上がっても世界は混乱する。

米中がこのまま貿易の報復合戦を続けた場合、両国の貿易量は2割減少、アメリカの経済成長率（GDP）は0・9ポイント、中国のそれは3・2ポイント押し下げられる、と試算されている。

米中による貿易戦争の影響は、統計データにも表れている。中国の対米輸入額を見ても、2018年7月の前年同月比が11％増であったのに対し、8月は2％増と大きく鈍化した。先ほども述べたが、中国経済の減速には注意が必要だろう。

こうした状況は、米中間の関係だけでなく、貿易立国の日本にとっても好ましくない。それに、日本は2019年10月に消費税の引き上げを控えている。参議院選挙もある。

■ 危険水域に入ったとされる米中の貿易戦争

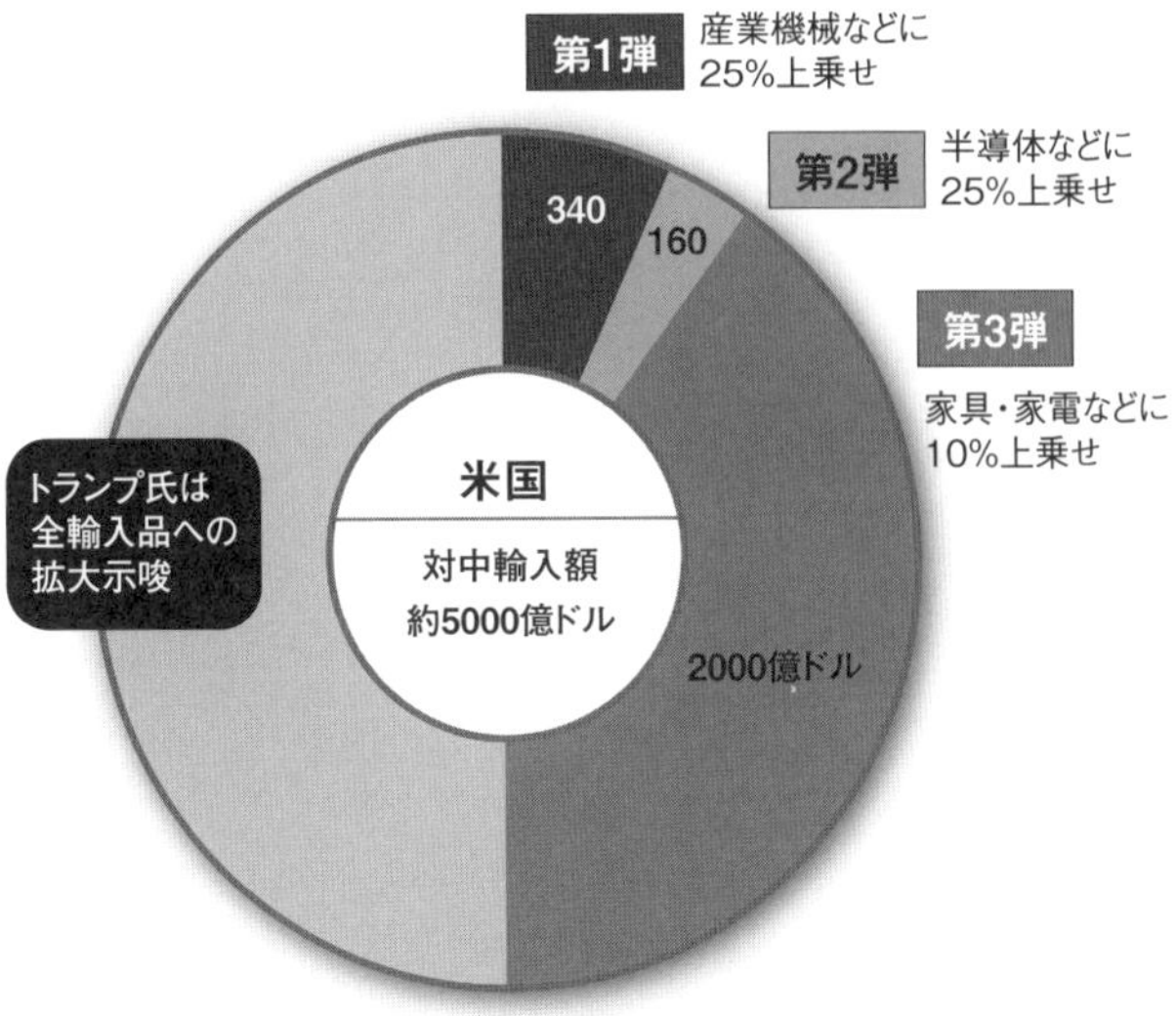

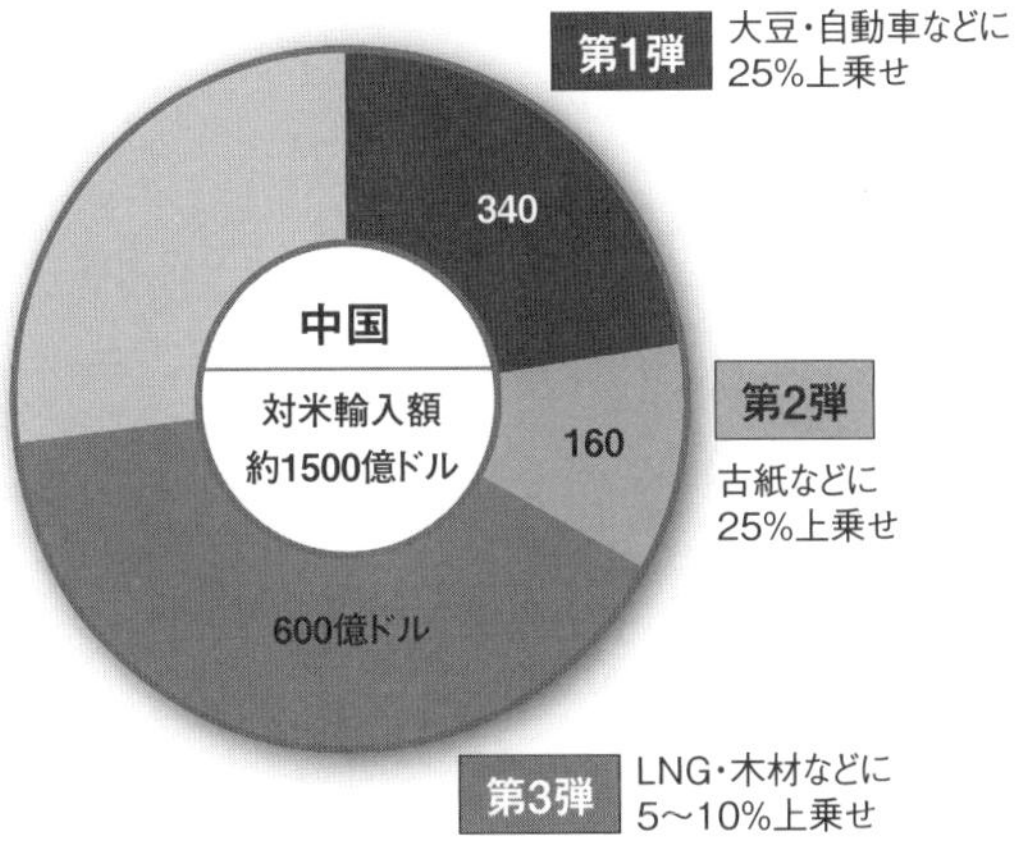

米中の制裁関税の対象は輸入額の5～7割におよぶ

（出所）日本経済新聞「2018年9月25日朝刊」

景気動向に神経質になるのは当然だろう。

確かに、足元のアメリカ景気は絶好調であり、主力企業は1～3月期、4～6月期と20％を超える増益を続けている。輸入品価格の上昇、インフレは企業の利益を膨らませる効果がある。

一方で、すでに、日本の設備投資は米中貿易戦争を考慮、手控えムードが漂っている。しかし、日本は「漁夫の利」を得る、との説がある。ＩＭＦ（国際通貨基金）の試算によると、米中が減速するのに対し、日本はＧＤＰが０・０２％増加する、との試算を公表している。

ただ、中国は厳しい。アメリカと報復合戦を続ける中国は、景気が急減速している。上海株式市場は底割れの状態だ。ただでさえ、中国国内のインフラ投資が失速したところに、貿易戦争の悪影響が加わる。

実際に、人民元、上海株式相場は大きく下落した。中国政府は必死に買い支えているが、通貨安と株安が同時進行しているのだ。貿易戦争が通貨戦争を引き起こせば、マーケットの混乱に拍車がかかる。

世界恐慌に拍車をかけたフーバー大統領の保護貿易政策

１９３０年、アメリカのフーバー大統領下で成立した法律がある。悪名高き「スムート・ホーレー法」である。前年の１９２９年に株式市場で大暴落が起き、これをきっかけに大恐慌が始まると、アメリカの議会には保護貿易を主張する議員が台頭する。

やがて、上院のスムート議員と下院のホーレー議員が、連名で輸入品に高関税を課す法案を提出した。議会を通過すると、フーバー大統領はただちに署名した。この法律によって、農作物だけでなく多くの工業製品に高い関税がかけられた。狙いはもちろん、国内産業を保護するためである。

しかし、その狙いに反して大恐慌は一段と深刻化する。高い関税をかけられたイギリス、フランス、オランダなどの国々が一斉に報復関税をかけたため、結果的に各国の輸出入量が激減したのだった。アメリカのＧＤＰは、ピーク比４分の３に落ち込んだという。

保護貿易と貿易戦争のツケは大きかった。これらは世界市場を縮小させ、企業の生産減少を招いた。それにより、失業者が急増→消費低迷→さらなる生産減少という負の連鎖を引き起こした。「フーバー・ショック」である。

この結果、世界中に大恐慌が波及し、長期化させる事態となったのだ。当時の日本はその余波をまともに受けて「昭和恐慌」に苦しめられた。とりわけ当時の東北における農村の悲惨さは、今に伝えられるところである。これが結果として「二・二六事件」などを引き起こし、その後の軍部の台頭につながる。

時は流れ、90年近い年月が経過したが、トランプ大統領の登場以来、世界的な保護貿易主義の流れが再び高まっている。しかし、アメリカの保護貿易主義は、世界貿易を著しく停滞させ、自らの身にも大きな代償をもたらすだろう。これはまさに、歴史の教訓である。

投資家としては、世界を取り巻く潮流の大きな変化に対応する必要がある。これが、従前より筆者が強く主張してきた「現状を正しく認識し、リスク・マネジメントを徹底せよ」の基本観である。もちろん、トランプ大統領はこのことを十分に理解しているはずだ。少しばかり甘い見方かもしれないが、さすがにフーバー大統領が犯したミスを再び繰り返すはずはないだろう。

米中貿易戦争は「プラザ合意」の変則形？

なお、筆者は米中貿易戦争について、次のような見方を唱えている。すなわち、トランプ大統領が推進している「AMERICA　FIRST」（トランポノミクス）は、1980年代にレーガン大統領が断行した「偉大なアメリカの再構築」（レーガノミクス）と似ているのだ。ただ、ここではそれについて述べるつもりはない。まったく別な視点である。

改めて強調するまでもないが、レーガノミクスは大成功だった。しかし、当初は多くの経済学者がレーガノミクスに反対した。100人の経済学者が連名で有力紙に「反対」の意見広告を載せたほどだ。改革は、常に大きなエネルギーを必要とする。

NYダウは、1982年8月12日の776ドルを安値に、長期上昇波動に突入している。レーガノミクスがそのきっかけになっているのは、間違いないだろう。2018年10月3日のNYダウは、2万6828ドル（終値）だ。ザラバ高値比では実に、776ドルと比べ34・7倍になっている。

しかし、レーガノミクスはドル高、大幅減税と相まって、巨額の貿易赤字を生んだ。

黒字国は他の先進国（ドイツ、日本など）だった。そこでアメリカは動いた。1985年9月22日のプラザ合意である。為替の水準は、最終的には「アメリカの意志」が働く。そう、これはセオリーであり、歴史の教訓である。

すなわち、アメリカはドル安政策にカジを切った。これで円高が進行する。1ドル230～240円だったものが、120円台と猛烈な円高になったのだ。おそらく、各国の中央銀行を巻き込んだ壮大な〝為替操作〟が行なわれたのだと思う。

それに比べて、現在はどうか。2017年におけるアメリカの経常赤字は4662億ドルだ。NY市場は「1人勝ち」だが、通商（貿易）に関しては「1人負け」である。米中貿易戦争の背景はここにある。

巨額の赤字の主因は中国だ。だが、人民元は購買力平価に対し半分程度の水準にとどまっている。これは何を意味するのか。そう、中国にコントロールされているのだ。市場メカニズムは通用しない。この場合、アメリカが選択できる手段は関税である。いや、「関税しかない」といっても過言ではないだろう。つまり、今回の米中貿易戦争をめぐる騒動は、「第2のプラザ合意」と考えればつじつまが合う。

新興国経済が新たな市場の波乱要因に顕在化する地政学リスクを見逃すな！

世界が震撼したトルコ・ショック

2018年8月、トルコの通貨リラが一時1ドル＝7リラを割り込み、年初来の下落率は約4割に達した。「トルコ・ショック」である。これを受け、世界のマーケットが大きく揺れたのは記憶に新しい。直近のピーク比では、5分の1になっている。

国内の投資家にも打撃を与えている。トルコ・リラの急落はトルコの債券・株式を組み入れた投資信託を大きく目減りさせたからだ。なかには、基準価格が半減したファンドもあるという。日経平均株価はこの事態が表面化した週明けの8月13日、終値で2万1857円まで売られた。前日比441円の急落である。

トルコ・ショックの背景には、アメリカとトルコの政治的な対立がある。きっかけは、

2016年10月にトルコ当局がクーデター未遂事件に関与したとして、アメリカ人牧師を拘束したことに始まる。これ以来、アメリカとトルコの関係は悪化の一途をたどる。そして、2018年7月下旬、トランプ大統領がトルコに対し、牧師を解放しなければ「大規模な制裁」を行なうと警告。続いて8月1日には、アメリカがトルコ政府の法務大臣ら2人に、アメリカ国内における資産凍結を発動した。通貨暴落は、エルドアン大統領が利上げを嫌ったこともあろう。

これに対し、トルコ政府は8月4日、報復としてアメリカの司法長官ら2閣僚のトルコ国内における資産凍結を宣言する。激怒したトランプ大統領は、8月10日、この動きに対する制裁措置として、トルコの鉄鋼・アルミニウムの関税引き上げを発表した。まさに、報復合戦である。その税率は、何と鉄鋼50％、アルミニウム20％である。これは、2018年3月、トランプ政権が世界各国に向け発動した追加関税（鉄鋼25％、アルミニウム10％）の2倍に相当する。

これを受け、トルコ・リラの対ドルレートは1ドル台後半に急落し、トルコ・ショックを招いたのだった。トルコはNATOの一員であり、中東と欧州の中間点に位置する。また、トルコの債権の多くはドイツ、フランス、イタリアの金融機関が保有（約5割超）している。このため、トルコ・ショックは欧州に飛び火した。その後、トルコ中銀の緊急利上げ（政策金利を24％に）が奏功し、トルコ・リラはやや値を戻したが、トルコのエルドアン大統領は、トランプ大統領の経済的な脅しに対し、一歩も譲歩しない姿勢を貫いている。この結果、トルコ・リラは再度、最安値圏に接近した。

アメリカとトルコは、ＮＡＴＯ（北大西洋条約機構）の同盟国同士である。しかし、トランプ大統領との対決姿勢を鮮明にするエルドアン大統領は、イラン、中国、ロシアとの関係強化を示唆している。これで、トルコのＥＵ加盟は遠のいたと思う。アメリカとトルコの対立は、アメリカと対峙するイラン、「一帯一路」を推進する中国はもとより、ＮＡＴＯの存在に懸念を示すロシア・プーチン大統領にとって、バルカン地域で勢力拡大をはかる絶好の好機となるだろう。

加えて、両国の対立は、日本企業にも大きな影響を与えている。実際、**東洋インキＳＣホールディングス（４６３４）**は、２０１８年下期に予定していたトルコ工場の着工を延期した。地政学上のリスクである。

「10万分の1」のデノミを実施したベネズエラの惨状

トルコ・ショックは、トルコの通貨危機を意味する。しかし、問題はトルコ・リラだけでなく、他の新興国にも通貨危機が波及している点にある。

トルコ・リラが急落した2018年8月、インド・ルピー、アルゼンチン・ペソ、南アフリカ・ランドなども軒並み売られた。下落率はトルコ・リラほどではないが、ブラジル・レアル、ロシア・ルーブルも安い。この背景には、投機筋の暗躍があろう。

この流れは、アジアにも波及している。2018年9月には、インドネシアのルピアが一時、1ドル＝1万5000ルピア台をつけた。これは、アジアが通貨危機に直面した1998年以来の安値である。フィリピンのペソも安い。新興国通貨はガタガタになりかけている。

新興国の株式市場は、通貨安を受けて軒並み売られている。インドネシアでは、ジャカルタ総合指数が2018年9月5日に5683ポイントまで急落した。これは、前年末より約8％安い水準だ。ちなみに、同期間における日経平均株価の騰落率は、マイナス0・8％でほぼ同水準である。

新興国は対外債務が多いため、通貨が安くなると物価の高騰、債務返済の負担増を招く。トルコの対外債務はおおむね４５００億ドル（約50兆円）、インドネシア３５００億ドル（約39兆円）、アルゼンチン２３００億ドル（約25兆円）だ。これらはいずれも外貨準備を上回っているとされる。

通貨危機に加え、新興国ではベネズエラ、アルゼンチンなどの経済危機も深刻だ。ベネズエラ政府は、２０１８年7月25日、通貨単位の引き下げであるデノミを実施すると発表した。これは深刻化するハイパーインフレ対策として行われたが、驚いたのは引き下げの大きさである。

当初は3ケタの切り下げを計画していたが、それでは物価上昇のペースに追いつかないため、何と通貨の単位を5ケタ切り下げることにしたのだ。実際、ベネズエラのマドゥロ大統領は、翌8月20日に10万ボリバルを新通貨の１ボリバル・ソベラノと交換し、物価上昇に歯止めをかける決意を示した。実に、「10万分の1」のデノミである。仮に、これが日本で行なわれた場合、10万円の旧円が1円の新円と交換されることになる。考えただけでも、ゾッとする話ではないか。

■ 対外債務/外貨準備の比率(2017年末時点)

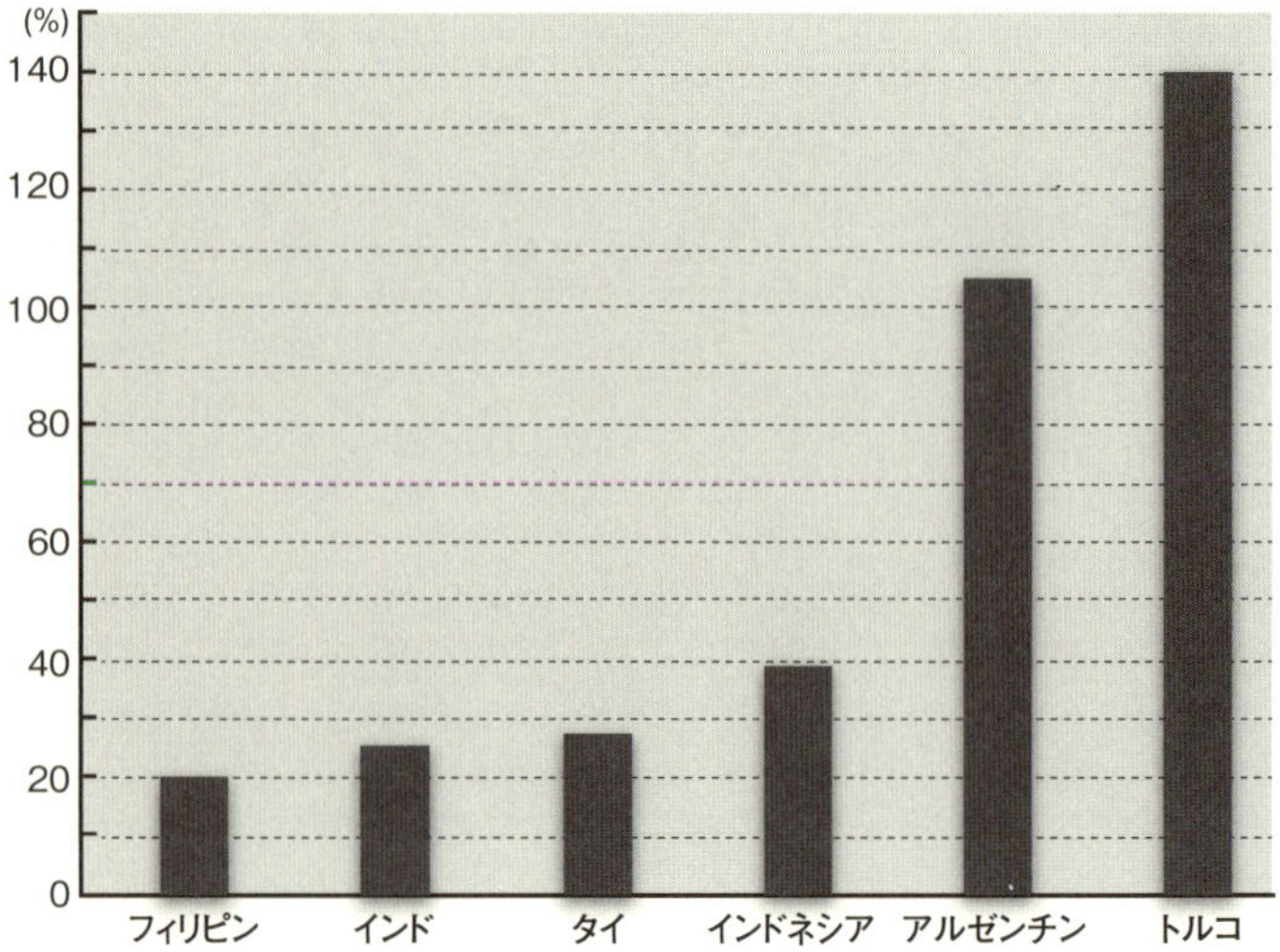

(出所)三菱UFJリサーチ&コンサルティング

ハイパーインフレの大きな要因には、通貨の急落と物資の不足がある。しかし、ベネズエラでは、このデノミ実施後も新通貨のレートは対ドルで3割近く下落し、通貨安とハイパーインフレに歯止めがかかっていない。加えて、新しい紙幣が不足していることも、デノミの効果を半減させている。

この結果、国外へ脱出するベネズエラ人が急増し、周辺国を大混乱の渦に巻き込んだ。特に、隣国のコロンビアには80万人以上ものベネズエラ難民が流入し、ブラジルでは一時、国境が閉鎖される事態に陥った。このほか、両国経由で近隣のエクアドル、ペルー、チリ、アルゼンチンにも入国希望の難民が殺到している。そのアルゼンチンは、ペソの下落があって、利上げを余儀なくされている。何と、アルゼンチンの政策金利は年率60％だ。これは、異常な水準すら通り越しているのではないか。

これを受け、国際マネーは、アメリカに向かっている。何しろ、「アメリカが第一」だ。その分、新興国では資金流出が起きている。その背景には、新興国経済の脆弱性があると指摘する専門家もいる。

先述どおり、対外的な債務をドル建てにしている新興国は、自国の通貨が急落すれば、その分、対外債務が大きくなる。つまり、新興国の通貨安は、新興国経済に負の連鎖をもたらす危険性をはらんでいるといってよい。これは、ＦＲＢによる利上げの後遺症である。

ただ、１９９７年のような通貨不安に発展する可能性は低いだろう。２０１７年の経常赤字は、アメリカが４６６２億ドル、新興国は３９０億ドルとアメリカが突出している。この数字が持つ意味は、極めて大きい。

北朝鮮の非核化、シリアの内戦は新たな火種となる

地政学リスクで忘れてならないのは、北朝鮮をめぐるリスクである。2018年6月12日、米朝首脳会談が実現した。アメリカのトランプ大統領と北朝鮮の金正恩《キムジョンウン》朝鮮労働党委員長が、シンガポールで歴史的な会談を行なったのである。

この結果、トランプ大統領は北朝鮮に現体制を保証する約束をし、金委員長は、朝鮮半島の完全な非核化について決意を表明した。しかし、共同声明に実質的な約束が盛り込まれなかったことで、北朝鮮の非核化には遠い道のりが残された。実際、この会談以後、両国の間で非核化をめぐる協議が停滞している。懸念されるのは、北朝鮮お得意の「時間稼ぎ」だ。北朝鮮は日本向けに実戦配備した「ノドン（中距離弾道ミサイル）」を、数百発保有しているとされる。この脅威を忘れてはならない。現に、核リストの申告はおろか、非核化の工程表についても、提示する姿勢すら見せていないではないか。

もう1つ、北朝鮮問題だけでなく、アメリカはシリアをめぐってロシア、イランとも対立を深めている。シリア問題は古くて新しい問題だが、対立の火種がより大きくなることを、マーケットは懸念している。

「サウジ・リスク」が台頭、世界的な株安の連鎖を招く

２０１８年10月に入ると、今度は「サウジ・リスク」が台頭した。サウジアラビアの著名ジャーナリスト、ジャマル・カショギ氏が同月２日、トルコのサウジアラビア総領事館で殺害されたのである。

この前代未聞の事件は、サウジアラビア高官の関与が指摘されている。トルコのエルドアン大統領は「計画的だった」と言明し、サウジアラビア側に犯人の引き渡しを求めた。また、アメリカのトランプ大統領も、サウジアラビア側の二転三転する説明を「最悪の隠ぺい工作だ」と厳しく批判している。

２０１８年10月２日は、くしくも日経平均株価が27年ぶりのザラバ高値（２万４４４８円）をつけた日である。しかし、この日を境に、株価はつるべ落としの下落となり、同月26日には2万９７１円まで売られた。この間の下げ幅は、実に３４００円を超える。

もちろん、世界的な株安の連鎖を招いたのは「アメリカ１強」のゆらぎであり、前述の米中貿易戦争の懸念が背景にある。だが、カショギ氏殺害事件にサウジアラビアの実質的な最高権力者、ムハンマド皇太子の関与が疑われたことで、マーケットは疑心暗鬼

◎ソフトバンクグループ（9984）の日足

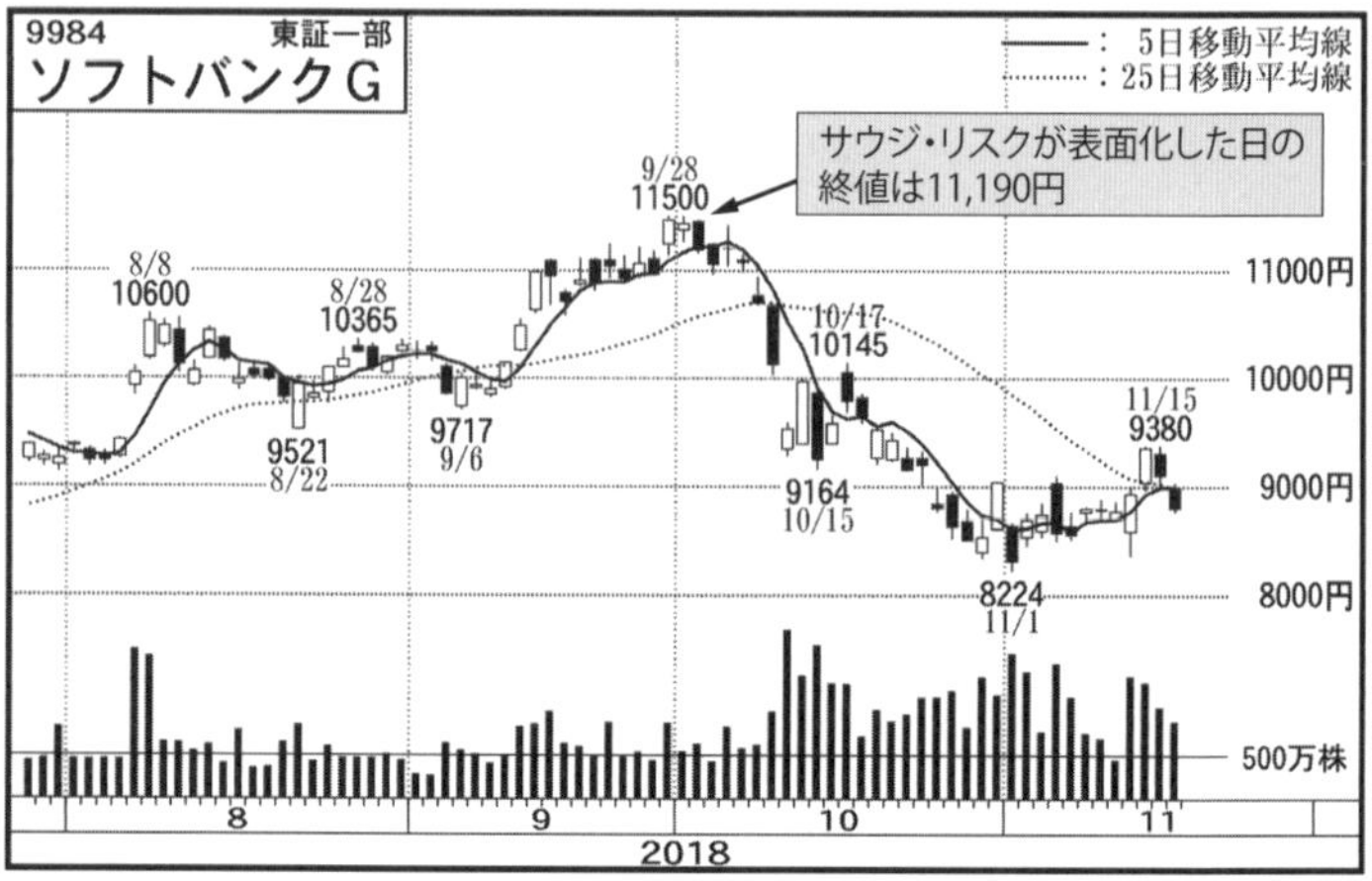

に陥った。中東地域が揺らぐことのダメージは大きい。

実際、この事件の影響は大きく、10月23日にサウジアラビアの首都・リヤドで開催された「砂漠のダボス会議」には、世界の主要企業の幹部が出席を見送っている。

日本企業でも、**ソフトバンクグループ（9984）**が直撃を受けた。同社は2017年5月、サウジアラビアの政府系ファンドと共同で、運用額10兆円規模の「ソフトバンクビジョンファンド」を設立している。このファンドは「大丈夫か」といわれ、株価は9月28日の高値1万1500円が11月1日には8224円まで下げている（この間の下落率＝28・5％）。

株式市場を取り巻く国内リスク 政局、日銀の政策を注視せよ

「アベノミクスの終えん」を市場はいつ織り込むのか

第2次安倍内閣は2012年12月26日に発足し、第3次、第4次と今日まで続いている。この間、日経平均株価は2012年11月13日の8619円（安値）が、2018年1月23日には2万4129円（高値）になった。値幅にして1万5510円、実に2・8倍の値上がりである。

一方、為替はどうか。2012年11月9日の1ドル＝79円08銭が、2015年6月5日には125円86銭になった。こちらも46円78銭の円安（円高是正）である。アベノミクスがこの間の株高・円安を演出したのは、間違いないだろう。

これは従前より繰り返し述べてきたことだが、「政治の安定は経済に勝る！」、「政治

■ 2019年以降に予定される主な行事日程

2019年		
	4月	統一地方選挙
	4月30日	天皇陛下退位
	5月1日	皇太子様即位・改元
	7月	参議院選挙
	10月1日	消費税引き上げ（8%→10%に）
2020年		
	7月24日	東京オリンピック開会式
	8月9日	東京オリンピック閉会式
	8月25日	東京パラリンピック開会式
	9月6日	東京パラリンピック閉会式

の安定こそ株高の最大要因！」なのだ。

第２次以降の安倍政権は、高い支持率を背景に国政選挙を勝ち続け、その結果、アベノミクスに代表される数々の施策を講じることができた。マスコミはいろいろと批判するが、大幅な株価上昇と円高是正は、これらの成果である。

２０１８年9月、安倍首相は自民党総裁選で石破茂元幹事長に勝利した。これで、最長２０２１年9月までの政権運営が可能となった。株式市場にとっては、「まずひと安心」といったところである。

何といっても、長期政権（政治の安定）は株高につながる。

しかし、逆の見方をすれば、安倍首相は２０２１年9月までにかならず退任することになる。この間、２０１９年の春には統一地方選挙があり、4月30日には天皇陛下が退位される。そして、5月1日には新しい天皇陛下が即位され改元となる。

さらに、２０１９年の夏には参議院選挙があり、10月1日には消費税の引き上げ（8%→10%）が予定されている。そして、いよいよ２０２０年の夏には東京オリンピック・パラリンピックの開催である。これらのビッグイベントをこなしながら、安倍首相は求心力を保ち続けることができるのか。

このところ、永田町では「ポスト安倍」をめぐる話が騒がしい。マーケットでは、今後、折に触れて「政治」にまつわる出来事が話題を集めるだろう。その際、注意しなくてはならないのは、内閣支持率である。

これまでも、安倍内閣の支持率が急落した場面では、全般相場（ＴＯＰＩＸ、日経平均株価などの指数）が軟調な展開となっている。特に、外国人は内閣支持率の動向に神経質だ。だからこそ、テーマ性を内包する好業績銘柄、将来性のある〝新〟成長株といった「強い銘柄」にターゲットを絞る戦略・戦術が一段と重要になる。

日銀は「ステルス・テーパリング」を進めている

日銀は、2018年7月末の金融政策決定会合で、金融緩和の長期継続を決めた。「物価上昇2%の実現」は道半ばで、達成時期は定められていない。これは、目標が安定的に達成されるまで、マネタリーベース（資金供給量）がゆるやかに拡大することを意味する。一方、この金融政策決定会合では、8月6日よりETF（上場投資信託）の購入方法を見直すことも明らかにされた。買い入れ方針の修正である。

日銀のETF購入額は、2016年7月末に年間6兆円をめどとすること（増額）が決められている。今回、買い入れ額については、「株式市場の状況に応じて、上下に変動しうるものとする」とした。そして、買い入れについては日経平均株価連動型の購入を減らし、TOPIX連動型を増やすという。

これにより、一部の市場関係者の間で「ステルス・テーパリング（見えざる緩和縮小）」が、本格的に開始されたのではないかとの見方が広まっている。

実際、2018年8月のETF購入額は1406億円となった。10月以降はおおむね元のペースに戻っているが、これは、年間購入額の増額が発表された以降、最低の金額である。

また、もう1つ注目したいのは、日銀によるＥＴＦの「購入ルール」が〝消滅〟したことである。そのルールとは、午前中にＴＯＰＩＸが前日比０・４％以上値下がりすると（前場終値ベース）、後場に日銀がＥＴＦを買う、というものだ。しかし、８月は前日比０・４％以上値下がりしたときでも、日銀が買わない日があった。８月10日と13日には買っているが、このときの下落率（前日終値→前場終値）は、それぞれ０・56％と１・72％である。

市場関係者のなかには、「本格的なテーパリング（緩和縮小）が始まるのではないか」と懸念する向きもある。一方、「大きな調整局面に備えて、買い入れ余力を温存しているのだろう」との声もある。ただ、これまで日銀によるＥＴＦの大量購入が「本来あるべき株価形成を著しくゆがめてきた」と批判されてきたのも事実だ。黒田総裁が就任して以来、日銀のＥＴＦの累計購入額は20兆円を超えている。

しかし、日銀がＥＴＦの購入を大幅に減額すれば、株式市場に与える影響は極めて大きなものとなる。

企業の不祥事、「ゴーン・ショック」が与えた衝撃

さらに、国内のリスク要因としては、企業サイドのトラブルに注意しておく必要があろう。もちろん、これは事前に予測するのは難しいが、想定外の出来事に対する心構えがあれば、万が一のとき機敏に対処することも可能となる。

２０１８年には、海外ではアップル・ショック、エヌビディア・ショックがあった。国内では、**ＳＵＢＡＲＵ（７２７０）**など大手自動車メーカーで、完成車の品質検査不正が表面化した。油圧機器の大手、**ＫＹＢ（７２４２）**による免振装置のデータねつ造も発覚している。不祥事発覚後、当該企業の株価は急落した。ＳＵＢＡＲＵは、２０１８年の始値３６１２円が11月20日に２４９５円（下落率30・9％）、ＫＢＹに至っては年初の６５５０円が10月26日に２３１２円（下落率64・7％）まで売られている。

２０１８年の11月19日には、衝撃的な事件が起きた。**日産自動車（７２０１）**のカルロス・ゴーン氏が金融商品取引法違反容疑で、東京地検特捜部に逮捕されたのである。何と、有価証券報告書に記載のない金銭報酬が、２０１８年3月期までの8年間で、約80億円に達する疑いがあるという。また、ＳＡＲ（ストック・アプリシエーション権）

を使った株価連動報酬についても、ゴーン氏は２０１８年３月期までの４年間に約40億円を付与されたとされるが、これについても有価証券報告書に記載されていない。

ゴーン氏は、逮捕後３日目の11月22日、日産自動車の会長職を解任されたが、いったい、どうしてこのようなことができたのか。ゴーン氏の容疑もさることながら、日産自動車には、企業としてのコンプライアンスが問われている。

日産自動車の株価は、11月19日の終値１００５・５円が翌20日には９４０円まで急落（下落率６・５％）し、株主は多大なダメージを被った。問題は、今後の展開にある。

同社のイメージダウンは著しく、当面、自動車の販売に大きく影響するだろう。だが、配当は年57円を予想している。減配がないとすれば、９５０円以下の株価は配当利回りが６％超になる。日産自動車に43％出資するルノーは、利益の約５割が同社からの配当金だ。経営上、日産自動車に減配を求めることは考えにくいが、予断は許さない。

なお、有価証券報告書に虚偽記載をした場合、法人に対しては、７億円以下の罰金が課される。かつて、**オリンパス（７７３３）**などが虚偽記載をして問題となったが、その際、東証は厳しい措置を検討している。

COLUMN 1

「IRは株高につながる！」は本当か

日本IR協議会（一般社団法人）は、毎年、IR優良企業を選定し発表している。IR（投資家向け広報）に熱心な企業は、株価が高くなる傾向にあるといわれるため、市場関係者にも注目されている。

実際、2017年度は9社が優良企業に選ばれたが、そのうち5社が2018年に大きく値上がりした。年初以降の最大上昇率を見ると、**丸井グループ（8252）**が38.7%、**ポーラ・オルビスホールディングス（4927）**35.3%、**塩野義製薬（4507）**25.1%、**ダイキン工業（6367）**15.6%、**野村総合研究所（4307）**11.4%といった具合である。

2018年度は、**エーザイ（4523）**、**ソニー（6758）**、**ピジョン（7956）**、**三井物産（8031）**、**住友化学（4005）**、**不二製油グループ本社（2607）**などという顔ぶれになっている。

注目したいのは、中・小型株企業を対象としたIR優良企業奨励賞に、**ソラスト（6197）**が選ばれたこと。同社は介護・保育事業を営み、株価も2016年7月の上場以来、長期上昇トレンドを続けている。

《第2章》

2020年までに
大活躍必至の
20テーマと“新”成長株

平成が終わり、時代は変わる！
第4次産業革命が株価急騰劇を後押し

企業の稼ぐ力、円高対応力を評価

第1章で述べたとおり、国内外には懸念材料があふれている。しかし、中・長期的な視点では、①日本企業の稼ぐ力、②円高対応力、③日本株の出遅れ感、④第4次産業革命→イノベーション（技術革新）に注目できる。

まず稼ぐ力だが、1996年6月26日に、日経平均株価は2万2666円の高値をつけている。この時点における上場企業の最終純益は5兆円だった。それが現在では、46兆円だ。9倍以上に増えている。これが企業の稼ぐ力である。稼ぐ力は、企業の「価値」を意味する。

2番目の円高対応力はどうか。2015年6月24日に、日経平均株価は2万868円の戻り高値をつけた。このとき、日経平均株価の構成銘柄について、純利益合計から発行済み株式総数の合計で割り出して求めたものを仮に「日経平均株価の1株利益」とみなすと、日経平均株価の1株利益（予想ベース）は、1257円だった。PER（株価収益率）は、16・6倍まで買われたことになる（2万868円÷1257円）。

一方、直近ベースの1株利益（予想ベース）は1778円だ。2015年6月24日より、41・4％増えている（1778円÷1257円）。為替は11～12円の円高になっているのに、1株利益は4割強増えている。これが円高対応力だ。ちなみに、輸出企業の2019年度の想定為替レートは、1ドル＝106円70銭とされている。

現状では円高圧力が強まっているが、まったく気にする必要はない。**ソニー（6758）、ダイフク（6383）**など多くの企業が海外生産にシフトしている。仮に、円高をイヤ気して売られる（急落）場面があれば、そこは天与の買い場となろう。

2019年10月に2万5000円を目指す基本シナリオ

さて、日本の株式市場は2018年1～10月に、10カ月におよぶ長期もみ合い（コレクション→調整波動）を続けてきたが、いよいよ〝上放れ〟のタイミングを迎えつつある。NY市場は、史上最高値更新中である。

日経平均株価は、2018年1月23日のザラバ高値2万4129円を10月2日に奪回、2万4448円を示現した。2019年の日経平均株価については、最終章で詳述しているのでご覧いただきたいが、基本的にボックス相場をイメージしている。前半の動きは、3月中旬まで下値固めの展開となり、5月中旬に2万4000円台を回復すると予測している。後半相場は、もみ合いの展開のあと8月上旬に2万1000円割れ→その後急反発し、10月上旬に待望の2万5000円台乗せを目指す動きとなるだろう。やっと、筆者の基本シナリオが実現する。

2018年相場がそうであったように、急騰場面で売り方はあせるに違いない。買い戻しを急ぐ必要があろう。いや、すでにオプション、先物、貸し株などのショートポジションの多くはカバー（手仕舞い）されたと思う。彼らは機敏さが信条だ。しかし、モタモタしていたヘッジファンド、個人はやられただろう。しかし、10～11月には再び売りポジションを膨らませている。

これは、いつものパターンである。投機筋は2018年3月以降、「あることないこと」をハヤし、売りたたいた。「安倍首相の（自民党総裁選挙）3選はない」、などがそうだ。彼らは、マスコミの〝反安倍キャンペーン〟に踊らされた面がある。何しろ、6〜8月の政治に関する報道は「モリカケ」一色だった。マスコミは、政権批判が大好きである。

だが、再三指摘しているように、日本株の上昇を示唆する材料にはこと欠かない。すなわち、先に述べたとおり、日本企業の稼ぐ力、円高対応力、そして日本株の出遅れ感である。筆者は、株価は円高に反応するが、円高を恐れる必要はまったくない、と主張している。

それに、外国人は2018年1〜10月に現物を4・3兆円、先物を6・7兆円、計11兆円売り越した。しかし、2019年はこんなことにはならない、と判断している。

さらに、第4次産業革命（キーワードはCAMBRIC）、ソサエティ5・0（社会改革）に代表されるイノベーションの潮流である。この分野は、日本企業が得意とする〝新〟成長株を数多く輩出することになろう。

NYダウはブラックマンデー比15・5倍に

日本株の出遅れという視点では、前の章でも触れたが、NYダウは2018年10月2日にザラバ高値2万6951ドルと、史上最高値を更新。1987年10月19日の1738ドルに比べると15・5倍になっている。

一方、日経平均株価は、1987年10月20日の終値2万1910円に対し、2018年10月2日のザラバ高値が2万4448円であり、この間わずか11・6％しか上昇していない。日経平均株価は、1989年12月29日に3万8957円（終値3万8195円）の史上最高値を示現した。しかし、1990年以降下げトレンドとなり、2008年10月28日には、ザラバで6994円まで売られている。直近株価（2018年11月22日終値）は、2万1646円と1987年の2万1910円より、264円安い。これを出遅れといわずして、何を出遅れというのだろうか。

PER、PBRではどうか。2018年10月30日時点における日経平均株価の予想PERは12・48倍、PBRは1・15倍である。これは、先述のように「日経平均株価の1株利益」、「日経平均株価の1株当たり純資産」を算出し、それをもとに計算した数字だが、ともに、ここ数年来の底値ゾーンに位置している。

なお、世界平均のPERは13・9倍、PBRは2・01倍だ。現在、日経平均株価の1株利益（予想ベース）は1778円、1株純資産は1万8219円となっている。稼ぐ力は強固である。

仮に、世界平均並みのPERに買うと、約2万4714円になる（1778円×13・9倍）。NY市場のPERは16・0倍だ。これだと、2万8448円の上値メドが算出できる（1778円×16・0倍）。すごい話ではないか。

筆者は、2万4700円がらみが中期的な目標値、2万8000円前後の水準を長期的な目標値と捉えている。これは、企業の収益力を考えると、あながち無理な〝注文〟ではないだろう。

もちろん、PERが上昇するためには需給の改善と人気の高まりが不可欠だ。需給の改善には外国人の売り一巡、買い越し転換が必要となり、人気の高まりには米中貿易戦争の収束が求められる。これについては、2019年中盤にはメドが見えてくる、と判断している。

アメリカ並みのPBRでは5万4657円？

次は、PBRについても考えてみよう。日経平均株価は、世界平均のPBRでは3万6620円（1万8219円×2・01倍）、NY市場並みでは、何と5万4657円になる（1万8219円×3・0倍）。

しかし、これは現状では「冗談」に近い。それに、PBRが上昇するにはROE（株主資本利益率）の改善が不可欠だ。すなわち、日本企業の貯め込み主義を改める（内部留保は446兆円に達する→これをM&A、増配、自社株買いなどに使う）必要があろう。

例えば、日本企業の自社株買いは、年間5兆～6兆円にすぎない。一方、アメリカ企業は過去5年間に3兆5000億ドルの自社株買いを実施した。実に、399兆円である。

2018年は8500億ドル（97兆円）のペースだ。日本企業とは、スケールが違いすぎる。この差がNYダウと日経平均株価の強弱につながっている。

ただ、日本の経営者の姿勢は微妙に変わりつつある。今後、M&A、自社株買い、増配に進む企業が増えるだろう。当然、ROE、PBRが上昇するパターンとなる。

■ 日経平均株価の推移（月足）

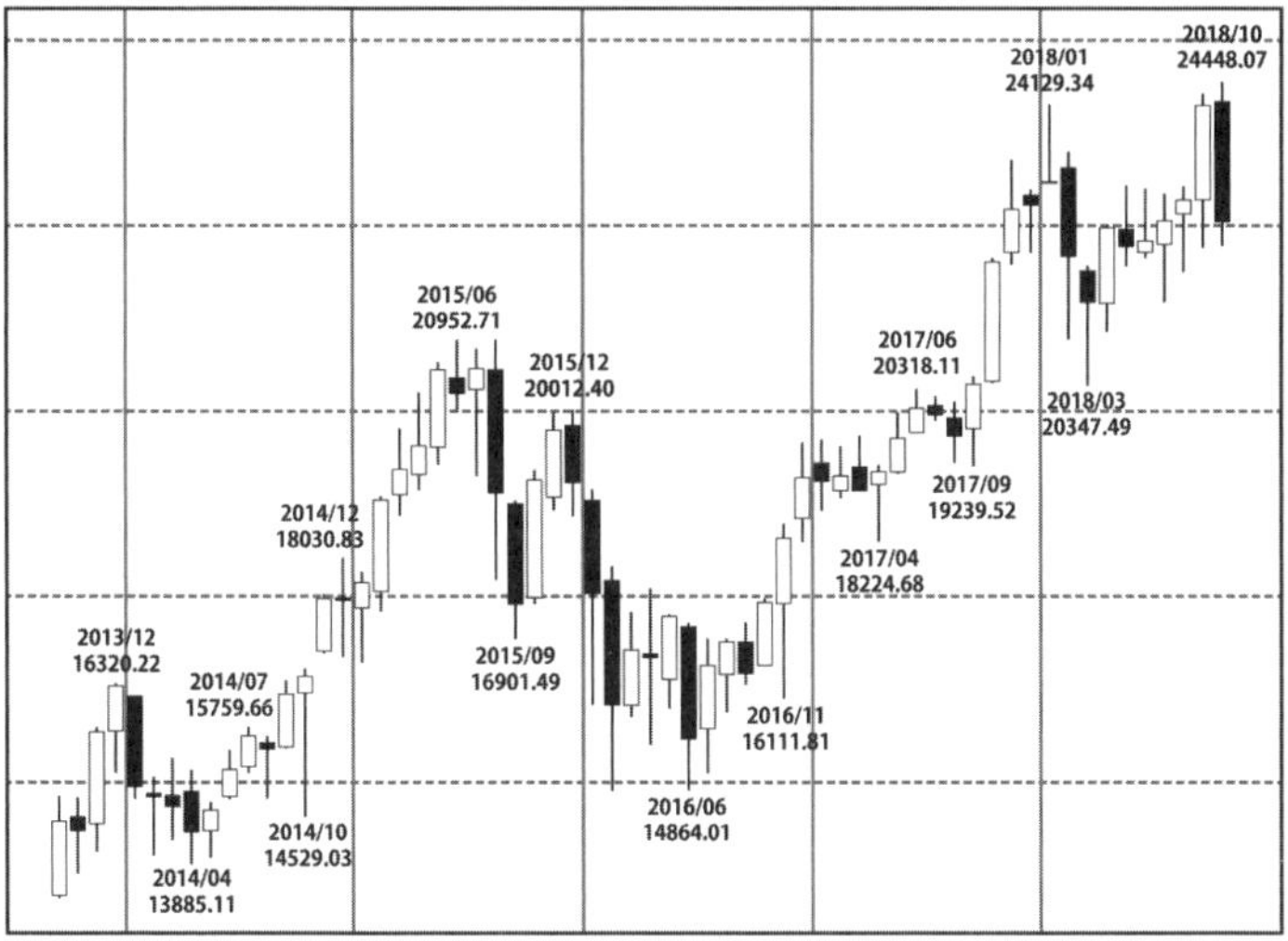

日経平均株価©日本経済新聞社

■ NYダウの推移

年	株価（ドル）	騰落率（％）	年	株価（ドル）	騰落率（％）
2009	8,722	▲34.2	2014	16,572	26.5
2010	10,430	19.6	2015	17,823	7.5
2011	11,577	11.0	2016	17,405	▲2.3
2012	12,221	5.6	2017	19,872	14.2
2013	13,104	7.2	2018	24,809	24.8

（注）株価は年初始値。騰落率は対前年比

異常事態はかならず修正される――これが経済の原則！

外部環境では、米中貿易摩擦（第2の「プラザ合意」）は峠を越えるだろう。アメリカでの関心は、中間選挙後の政治情勢に移っている。もちろん、米中の政治的な対立は深刻化する可能性がある。これには注意を要する。

トルコ、アルゼンチン、ブラジル、ベネズエラなどの経済危機、通貨不安は資本流出のほか、投機筋の売り仕掛けが原因だ。しかし、異常な経済状況はかならず修正され、危機は克服される。何しろ、先にも述べたが、ベネズエラは10万分の1のデノミに追い込まれた。トルコ・リラはピーク比5分の1になったし、アルゼンチンの政策金利は60％だ。こんな異常事態は、いつまでも続くはずがないだろう。

また、政治的に安定しているのは日本だけだ。イギリス・メイ首相、ドイツ・メルケル首相、フランス・マクロン大統領は、完全に指導力を失っている。

アメリカでは、中間選挙によって、上院は共和党、下院は民主党が過半数を確保した。いわゆる〝ねじれ〟現象である。この結果、国際マネーは行き場を失う。それが日本に流入する。この可能性は極めて高い。トランプ政権の国内政策は、下院民主党の反対によって、多くが遂行できないだろう。その点、通商、外交分野は一段と過激になりそうな気配はある。

このような大局を押さえたうえで、第2章では、2020年までに活躍が期待されるテーマと新しい成長企業を取り上げてみたい。次ページの表をご覧いただければ分かるとおり、キャッシュレス化、5G（次世代通信網）、eスポーツ、インフルエンサー、食の安心・安全、インバウンドなど、これまでにはなかったフレッシュなテーマが目白押しである。

このほか、今回は特別に取り上げていないが、2025年開催の大阪万博、これに絡んだカジノの解禁→招致なども大きな話題となろう。大阪府と大阪市は、大阪湾の人工島・夢洲《ゆめしま》で、カジノを含む統合型リゾート（IR）の開業を目指している。

この関連では**山九（9065）**、**上組（9364）**、**杉村倉庫（9307）**、**櫻島埠頭（9353）**、**京阪ホールディングス（9045）**、**三精テクノロジーズ（6357）**、**フジタコーポレーション（3370）**などに注目できる。

テーマ	関連の注目銘柄
⑪ クルージング	ベストワンドットコム（6577）、 東海汽船（9173）
⑫ eスポーツ	J ストリーム（4308）、 イー・ガーディアン（6050）
⑬ 電線地中化	コムシス ホールディングス（1721）、 イトーヨーギョー（5287）
⑭ 生活スタイルの変化	日本コンピュータ・ダイナミクス（4783）、 メルカリ（4385）
⑮ 元号関連	グローリー（6457）、 光陽社（7946）
⑯ 電子都市	スマートバリュー（9417）、 エルテス（3967）
⑰ 量子コンピュータ	エヌエフ回路設計ブロック（6864）、 フィックスターズ（3687）
⑱ インフルエンサー	トレンダーズ（6069）、UUUM（3990）、 アライドアーキテクツ（6081）
⑲ 食の安心・安全	オイシックス・ラ・大地（3182）、 オプティム（3694）
⑳ インバウンド	ルーデン・ホールディングス（1400）、 エービーシー・マート（2670）

■ 有望視されるテーマと関連の注目銘柄

テーマ	関連の注目銘柄
① キャッシュレス化	USEN-NEXT HOLDINGS（9418）、ビリングシステム（3623）
② 情報セキュリティ	ラック（3857）、テリロジー（3356）、スターティア ホールディングス（3393）
③ 第4次産業革命	SEMITEC（6626）、システムリサーチ（3771）
④ ソサエティ5.0	TIS（3626）、ブレインパッド（3655）
⑤ EV（電気自動車）	日本電産（6594）、セック（3741）、関東電化工業（4047）
⑥ 5G（次世代通信網）	サイバーコム（3852）、アンリツ（6754）、ネットワンシステムズ（7518）
⑦ 人工知能（AI）	コムチュア（3844）、ALBERT（3906）、PKSHA Technology（3993）
⑧ 全固体電池	オハラ（5218）、TDK（6762）、三桜工業（6584）
⑨ チャットボット	エーアイ（4388）、共同ピーアール（2436）、ネオス（3627）
⑩ RPA	RPA ホールディングス（6572）、クラウドワークス（3900）

キャッシュレス決済比率の引き上げは、まさに国策 USEN-NEXT HOLDINGSが中国企業と提携!

東京五輪を控え、スマホ決済が主流となる

２０１８年４月、経済産業省は「キャッシュレス・ビジョン」を策定した。現在、２割程度にとどまっているキャッシュレス決済比率を、２０２５年に４割程度まで引き上げることを目標としている。日本では今後、２０２０年の東京オリンピック・パラリンピックをはじめ国際イベントが目白押しである。現金決済に不慣れな訪日外国人（インバウンド）対策としても、キャッシュレス化の流れは不可欠だ。訪日外国人だけでなく、若者中心にいずれ日本でもスマホ決済が主流になるだろう。

２０１８年９月、東京代官山にオープンした雑貨のフランフランの実験店舗（期間限定）は、大きな話題となった。「現金お断り」である。

◎USEN−NEXT HOLDINGS（9418）の週足

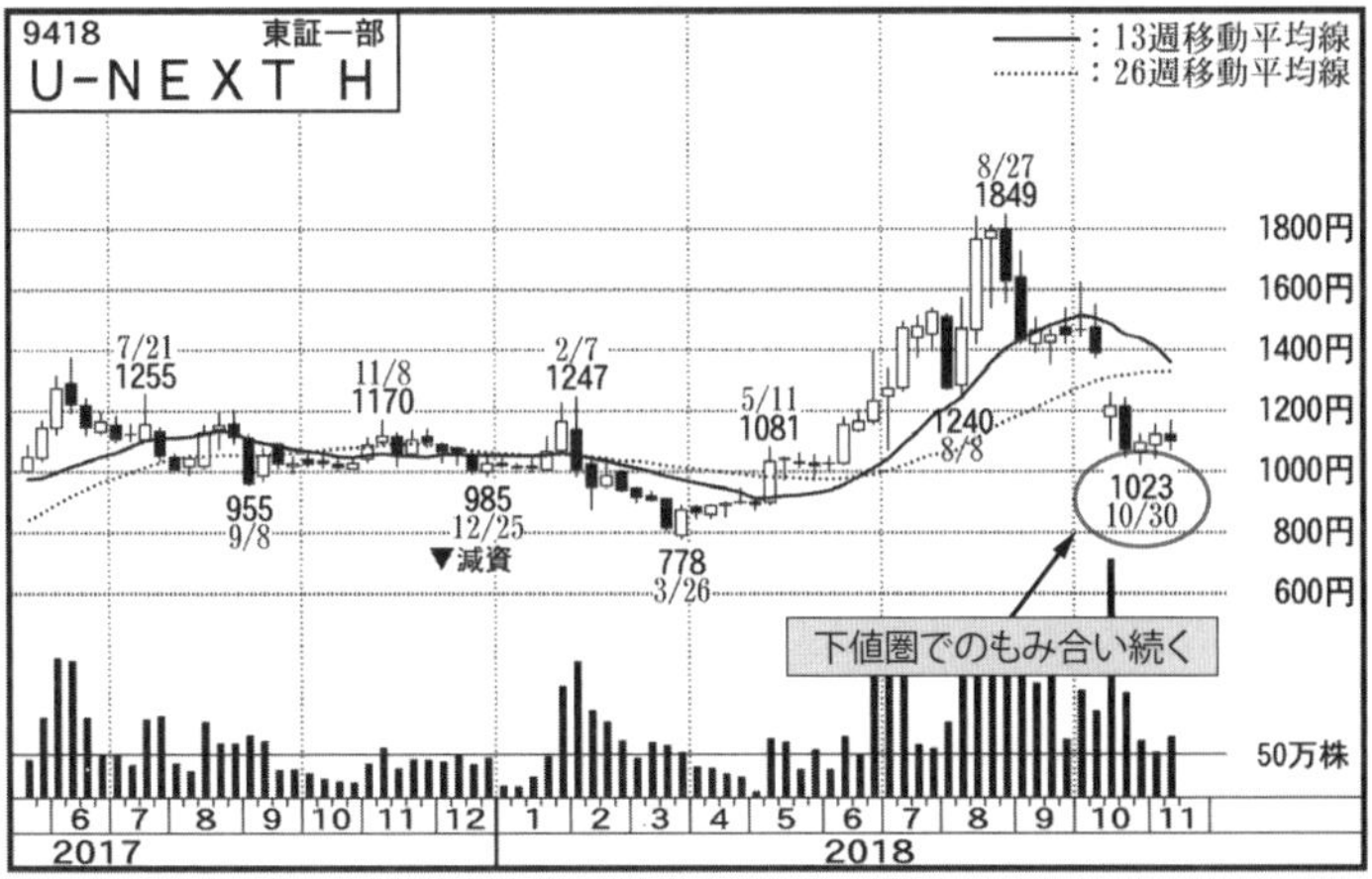

この店舗は、「キャッシュレス店舗」だったのだ。すなわち、現金が使えない店である。ヨーロッパなどでは当たり前のことだが、日本では珍しい。これは、キャッシュレス化の流れを予見させる出来事である。

キャッシュレスの方法では、従来のクレジットカード、デビッドカードに加えて、モザイク状の四角いドットでつくられている2次元バーコードを使う方式が主流となり始めている。これは、中国・アリペイをはじめ、メガバンクのスマホ決済でも採用され、規格統一の動きが始まっている。

この分野では、**ビリングシステム（3623）**、**フライトホールディングス（3753）**、**GMO**

ペイメントゲートウェイ（3769）、アイリッジ（3917）、LINE（3938）などをピックアップできる。

USEN-NEXT HOLDINGS（9418）は、もともと有線放送の会社（祖業）だったが、現在では映像配信サービス、ブロードバンドサービス、店舗・施設運営のための支援ツールなどを多彩に展開している。さらに、2018年6月には、中国大手電子決済プラットフォーマーのLakalaと業務提携、契約加盟店がアリババ集団のアリペイ、テンセントのウィーチャットペイ（ともに2次元バーコードを使ったスマホ決済システム）が使用できるようになった。

一方、同社の業績はどうか。2018年8月期は8カ月の変則決算のため比較が難しいが、1株利益は40円（前々期は21円）を確保した。2019年8月期の1株利益は59～60円と大幅増が期待されている。

株価は、1100円がらみの水準でもみ合っている。短期的には調整局面との見方もできるが、経営者（宇野康秀社長の趣味はトライアスロン）の力量と事業の展開力を考えると、トレンド的にはジリ高をたどると思う。

「ソサエティ5・0（未来社会）」の到来接近 システム構築大手のTISに追い風が吹く！

業績の伸長を背景に株価は上場来高値を更新中

先述のとおり、産業界では第4次産業革命が進行中である。一方、社会的にはソサエティ5・0（Society5・0）が訪れようとしている。ちなみに、ソサエティ1・0は狩猟社会、2・0は農耕社会、3・0は工業社会、4・0は情報社会のこと。対するソサエティ5・0は未来の社会といえるが、これはサイバー（仮想）空間とフィジカル（現実）空間を高度に融合させたシステムによって、経済発展と社会的課題の解決を両立、人間中心の社会を構築しようとするものだ。政府（内閣府）の「第5期科学技術基本計画」の目玉である。

具体的には、IoTの活躍によりすべてのモノとヒトがつながって、さまざまな知識・

情報が共有され、新たな価値が生まれる。さらに、AI（人工知能）が進化、ロボット・自動運転車が登場。人々は面倒な作業から解放されるとともに、人間の可能性が広がるだろう。

ビッグデータの解析はAIが行なう。少子高齢化、地方の過疎化などには遠隔診療、ドローンが活躍する。

TIS（3626）は、システムインテグレーターの大手である。システム構築、システム運用、データセンサーサービス、金融・産業のITサービスなどをメインビジネスとする。2008年に、TISとインテックが経営統合して発足した。傘下に約50社の企業群を持ち、あらゆるビジネスチャンスに対応、それを生かせる体制となっている。

業績は好調に推移している。2019年3月期の1株利益は282円（前期242円）、2020年3月期は309円と予想されている。

株価は、2018年9月26日に6040円まで駆け上がった。直近ベースでも5000円台にあるが、PER的にはまだ買い余地がある。

ちなみに、第4次産業革命のキーワードは、CAMBRICと称する。Cはクラウド

◎TIS（3626）の週足

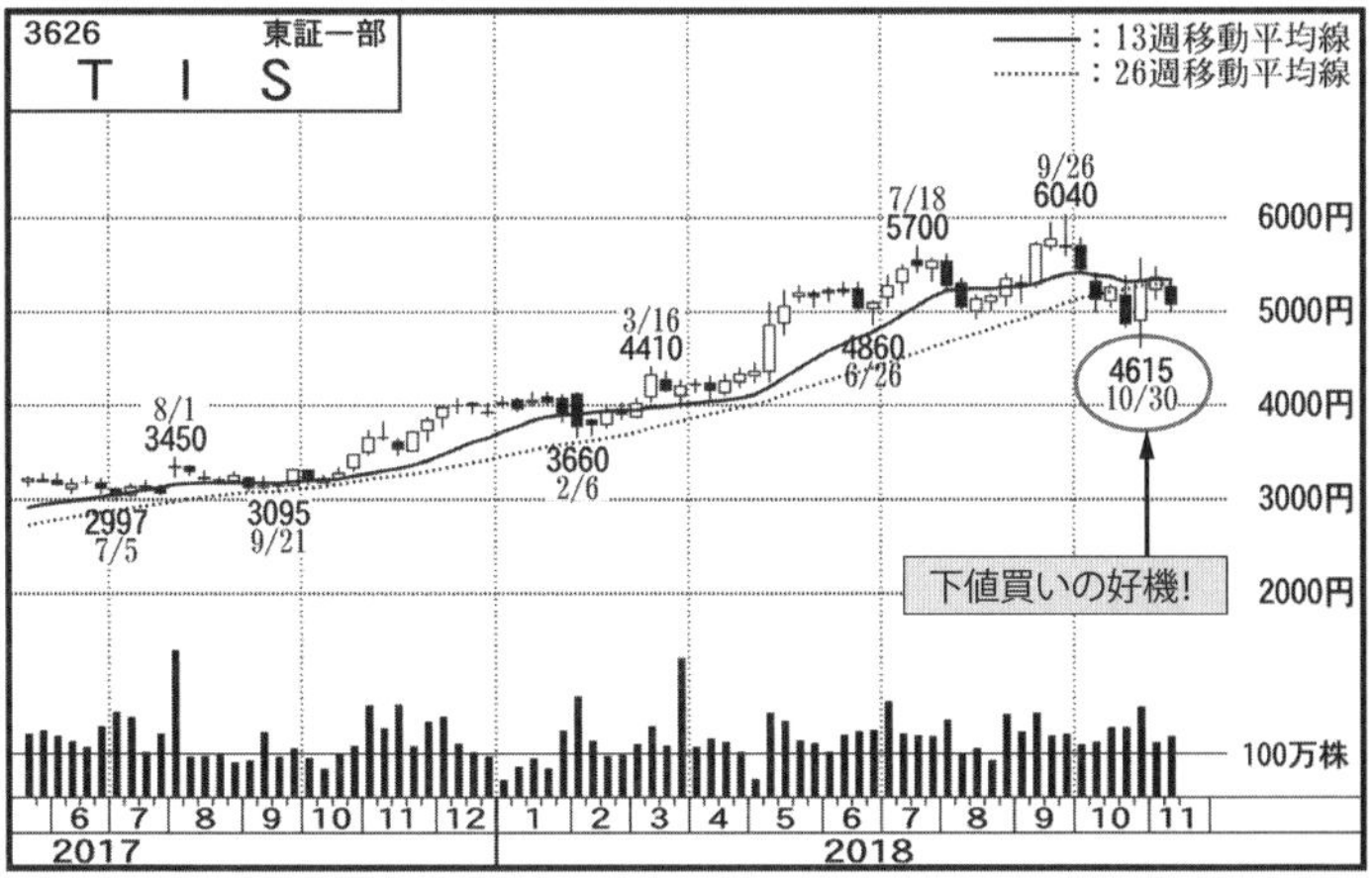

コンピューティング、ＡはＡＩ（人工知能）、Ｍはモビリティ（輸送手段）である。また、Ｂはビッグデータ、Ｒはロボティクス、Ｉはあらゆるものがインターネットにつながる I o T、Ｃはサイバーセキュリティのことをいう。

さらに、別の章でも述べるが、Ｍ（モビリティ）の未来は、ＣＡＳＥというキーワードに集約できる。すなわち、自動車産業は、自動運転と電気自動車が〝柱〟となる。

この分野では、**オプティム（３６９４）**、**コムチュア（３８４４）**、**セック（３７４１）**、**ブレインパッド（３６５５）**、**ＳＥＭＩＴＥＣ（６６２６）**、**システムリサーチ（３７７１）**など、新しい成長企業が輩出されるだろう。

2019年に5G（次世代高速通信規格）が商用化
富士ソフト系のサイバーコムは業績続伸中！

今期配当2円増、押し目買いの好機

世界は、2019年に始まる5G（第5世代高速通信規格）の商用化に向けて、一斉に動き始めている。あらゆる機器がインターネットでつながるIoT時代の進化、ビッグデータの普及、自動運転車の開発競争に弾みがつくことになろう。

移動体通信は、およそ10年ごとに新しいシステムが誕生している。5Gは、従来規格の4Gに比べ、5Gは最高時速が20倍、実効速度と同時接続数が100倍に達する。反面、通信の遅れは10分の1だという。

これによって、遠隔地における時間差なしの通信が可能（オンライン診療、ロボットの制御、自動運転などに対応）となり、VR（仮想現実）のような大容量のコンテンツ

◎サイバーコム（3852）の週足

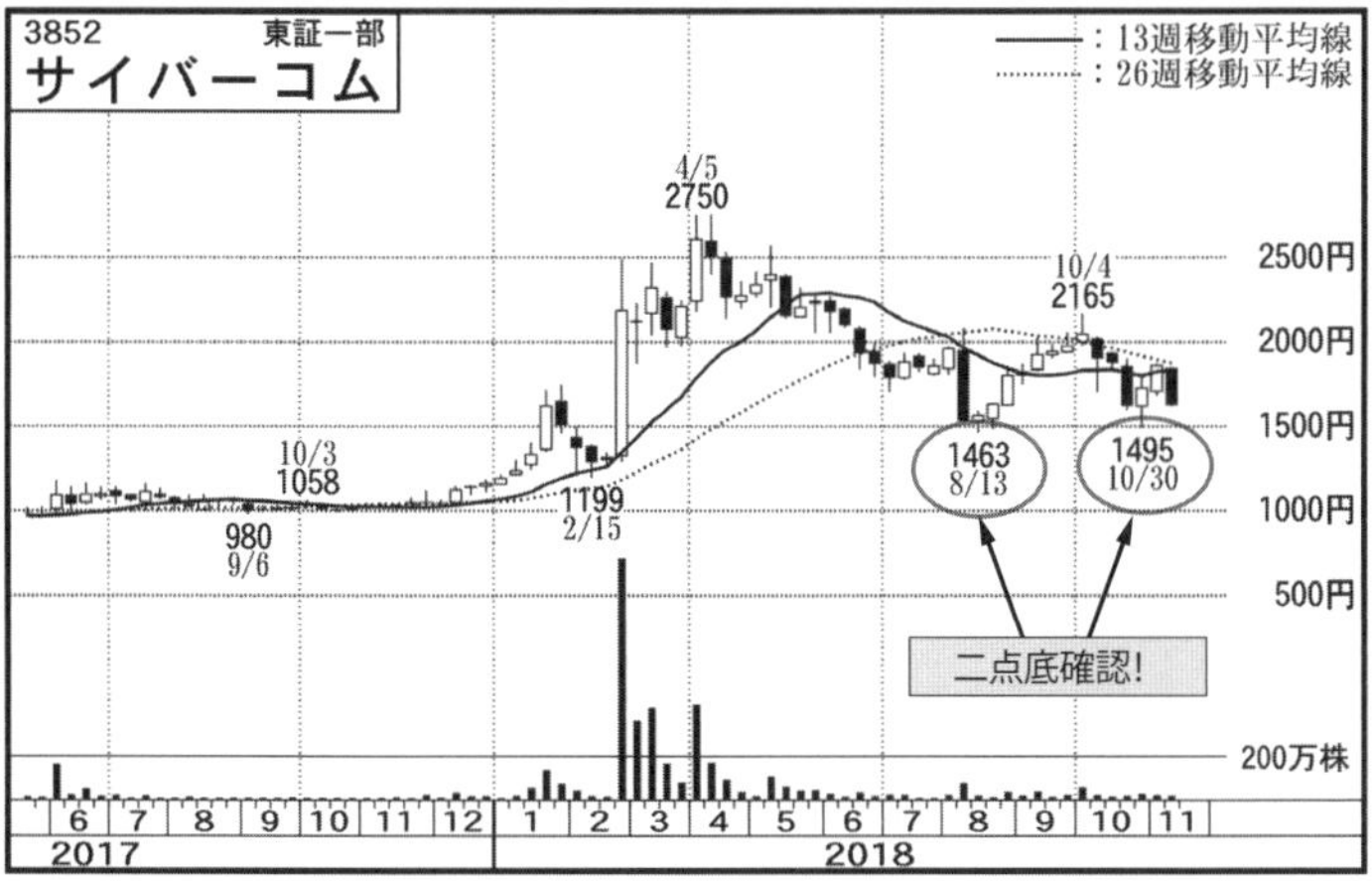

の送受信に使用できる。

イギリスの調査会社によると、アメリカ、中国、日本など主要国の5G関連の研究開発、設備投資額は2020～2035年の間に、年平均200億ドル（約21兆円）に達するという。実に、15年間で315兆円となる。

これは関連企業に、大きなビジネスチャンスを与える。**アンリツ（6754）**、**ネットワンシステムズ（7518）**、**ネクストジェン（3842）**などは3G、4Gの導入時に業績が急浮上、株価も急騰した〝実績〟がある。

このほか、**ミライト・ホールディングス（1417）**、**コムシスホールディングス（1721）**、**協和エクシオ（1951）**、**JI**

G－SAW（3914）、エコモット（3987）などもメリットを受けるだろう。

サイバーコム（3852）は、富士ソフト系（発行済み株式数の51・8％を保有）の通信分野を中心とするソフトウェア開発会社だ。〝毛並み〟は抜群である。自動車向けも強い。浮き沈みの激しい業界だが、経営リスクは乏しい。いや、今後数年間は活況を呈するだろう。

業績見通しには、5G関連の特需は織り込んでいない。しかし、2018年12月期の純利益は2017年3月期（決算期を3月期→12月期に変更）の最高益3億9100万円を上回るだろう。1株利益は54円（前期は40円）がらみとなる。

続く2019年12月期は、一段と明るくなろう。連続して史上最高決算（純利益は4億7000万円を予想）となる。5G関連の業務が徐々に寄与する。1株利益は59円と予想されている。

配当は2018年12月期が2円増の15円、来期は17円とする。株価は2018年4月5日に2750円の高値をつけたあと、直近は1600円前後でもみ合っている。この水準は押し目買いの好機と思う。

全固体リチウムイオン電池が電気自動車の主流に 光学ガラス専業大手、オハラの技術力を評価！

業績急浮上、もみ合い放れの機運高まる

繰り返しになるが、CAMBRICのM（モビリティ＝輸送・移動手段）の未来は、「CASE」といわれている。すなわち、Cはコネクテッド（つなぐ）、Aはオートマチック（自動運転）、Sはシェア、Eは電気自動車である。

電気自動車のバッテリーは、現在のリチウムイオン電池に替って、全固体リチウムイオン電池が主流になろう。この分野に注力している日本企業は**トヨタ自動車（7203）**、**パナソニック（6752）**連合だ。2020年代前半までの実用化を目指している。トヨタ自動車は300人の人員を投入、全固体リチウムイオン電池に関する特許出願数は世界トップクラスを誇る。

ＮＥＤＯ（新エネルギー・産業技術総合開発機構）は２０１８年6月、全固体リチウムイオン電池を早期実用化するための研究開発プロジェクト（第2期）をスタートさせた。今後5年間に１００億円を投じる。

電解質は、硫化物系と酸化物系がある。現段階では硫化物系の開発が先行しているが、水分に反応すると硫化水素が発生するなど、課題が多い。ただ、実用化に向け研究中なのは確かである。

オハラ（5218）は、光学ガラスの専業メーカーだ。すでに、硫化物系の無機固体電解質のリチウムイオン伝導性ガラスセラミック「ＬＩＣＧＣ」を開発している。現在、「実用化に向け、積極的なアピールを実施中」（会社側）という。

これは、硫化物系固体電解質の中では最も高いイオン伝導度を持ち、安定性かつ不燃性を有する。２０１6年8月には、「マイナス30度の低温下で駆動する電池の試作に成功した」と発表している。

足元の業績は好調だ。耐衝撃・高硬度クリアガラスセラミック「ナノセラムＴＭ」が伸びている。２０１8年10月期の上半期は、前年同期比13・9％増収、営業利益は同3・

◎オハラ(5218)の週足

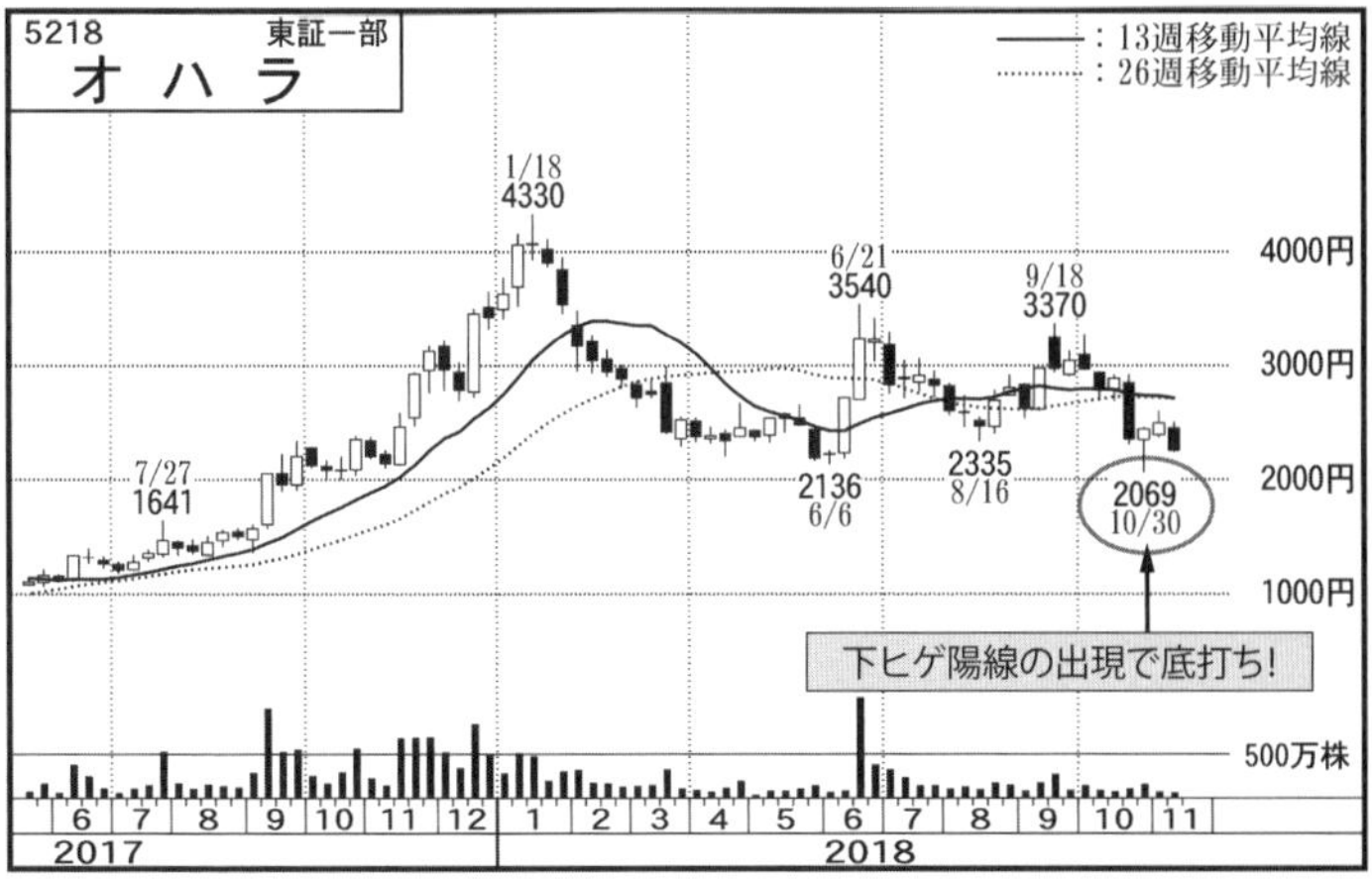

5倍となった。急浮上である。

通期の見通しは11・7%増収、111・5%増益予想だ。1株利益は99円となる。配当は10円増の30円が見込まれている。これは経営陣の自信の現れだろう。

株価は2200~2400円がらみの水準にある。2019年10月期の1株利益は103円の予想だ。確実に収益力がついてきている。調整一巡後、一段高となろう。

このほか、この分野ではアメリカのソリッド・パワーと提携した**三桜工業(6584)**が〝伏兵〟的な存在になりつつある。さらに、**石井表記(6336)**、**ニッポン高度紙工業(3891)**などにも注目できる。

日本のクルージング人気はこれからが本番
クルーズ旅行専業、ベストワンドットコムが好発進!

2018年4月に新規上場、1万円割れ後に切り返す

Aさんは相場巧者である。なかなかできることではないが、これまでの投資人生では、有望株の「安いところを買って、高いところを売る投資戦術」を貫いてきた。

Aさんは競馬などの賭け事はしない。パチンコは好きだが、「1回3000円まで」と決めている。金持ちだが、これまでお金のかかる道楽にはまったことはない。女性関係は、奥さんひと筋である。

そんなAさんだが、80歳をすぎた最近、クルージングにはまっているという。今年は地中海、カナダなど3回行った。お金はいくらあっても、あの世には持っていけない。息子、娘には十分残した。「あとは使う」と。

◎ベストワンドットコム(6577)の日足

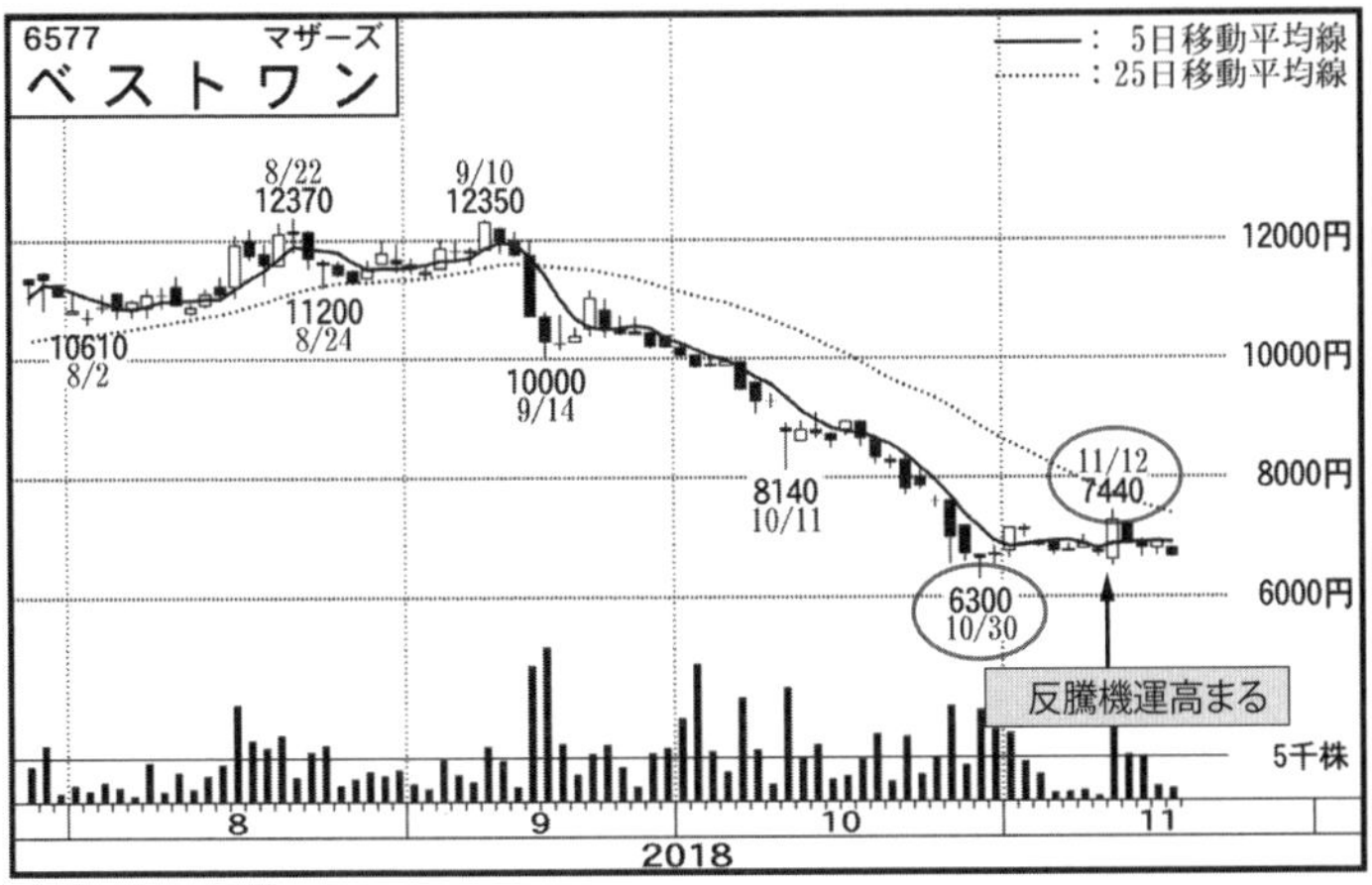

先日のサイパン、グアムは10日間の外洋クルージングだったが、「(費用は) 女房と2人で500万円だったかな。意外に安かった」。いや～、お金持ちの心理はにわかに理解できないものである。だが、日本にはこんな人も案外多いのではないか。

ベストワンドットコム(6577)は、クルーズ旅行・船旅を専門としたオンライン・トラベル事業をメインビジネスとする。

ロイヤル・カリビアン・インターナショナル、ディズニー・クルーズ・ライン、プリンセス・クルーズ、郵船クルーズ、商船三井客船など、国内外の主要な船会社のクルーズ乗船券とパッケージツアーを取り扱っている。

そのコースは、リーズナブルなクルーズ旅行を取りそろえた「ベストワンクルーズ」、ハネムーン旅行客を対象とした「フネムーン」、高級船を専門とする「ファイブスタークルーズ」を中心に、1万7000以上のコースがある。

人口に占めるクルーズ旅行者数の割合は、アメリカ3・6％、イギリス2・9％となっている。これに対し、海洋国家なのに、日本はまだ0・2％にすぎない。この分野は伸びる余地が大きいと思う。日本政府は、国際クルーズ拠点の整備を進めている。将来的には、北東アジア海域が、現在のカリブ海のようなクルーズ市場になるだろう。

業績は順調に推移している。2019年7月期は36・7％増収、最終純益は30％増を見込み、1株利益は189円となる。

同社は2018年4月26日、東証マザーズに新規上場した。ニューフェイスである。当日、1万4830円の初値をつけ話題を集めたが、同年5月23日に9380円の安値をつけた。その後、8月22日には1万2370円まで回復したが、9月に入ると下げに転じ、10月30日には6300円まで売り込まれている。しかし、いくら何でもこれは売られすぎだろう。この安値は買える。

海外で人気定着のeスポーツが日本でも話題
動画配信大手のJストリームに注目!

増収基調、500円がらみは下値買いの好機

「eスポーツ、何それ?」。多くの人がそう思うだろう。eスポーツ(e-Sports)とは「エレクトロニック・スポーツ」の略で、具体的にはコンピューター・ゲームなどをスポーツ競技として捉えること。日本国内での認知度はまだ低いが、先の冬季平昌五輪(韓国)ではインテルが支援、デモンストレーションが開催され、大きな話題を集めた、という。

さらに、海外では巨額(億単位)の賞金を賭けた大会も開かれている。将来的には、オリンピック・パラリンピックの正式種目となろう。

日本には、「日本eスポーツ連合」(社団法人)があり、広報活動、大会・イベントの

開催に加え、プロの資格認定を行なっている。2018年8～9月、ジャカルタで開催されたアジア大会では、日本勢が金メダルを獲得した。これが普及の弾みになろう。

そもそも、日本では「スポーツ＝運動・体育」と捉えられているが、英語には「楽しむ」「競技」との意味がある。実際、欧米ではチェス、ビリヤードなどもれっきとしたスポーツとして認知されている。

ちなみに、eスポーツにはシューティングゲーム、マルチオンライン、戦略ゲーム、格闘ゲーム、モバイル・パズル、オンラインカードなどの部門がある。〝競技者〟はコンピューター上で闘う。

ゲームソフトメーカー、家電量販店、パソコン販売業者は、eスポーツを新たなビジネスチャンスと考えている。すでに、**モブキャストホールディングス（3664）**、**ミクシィ（2121）**、**ネクソン（3659）**、**ヤマダ電機（9831）**、**MCJ（6670）**などがこの分野に注力している。

Jストリーム（4308）は、ネットによる動画ライブ中継、オンデマンド放送の配信インフラ提供をメインビジネスとする。このノウハウを生かし、ソフマップが東京・

◎Jストリーム(4308)の週足

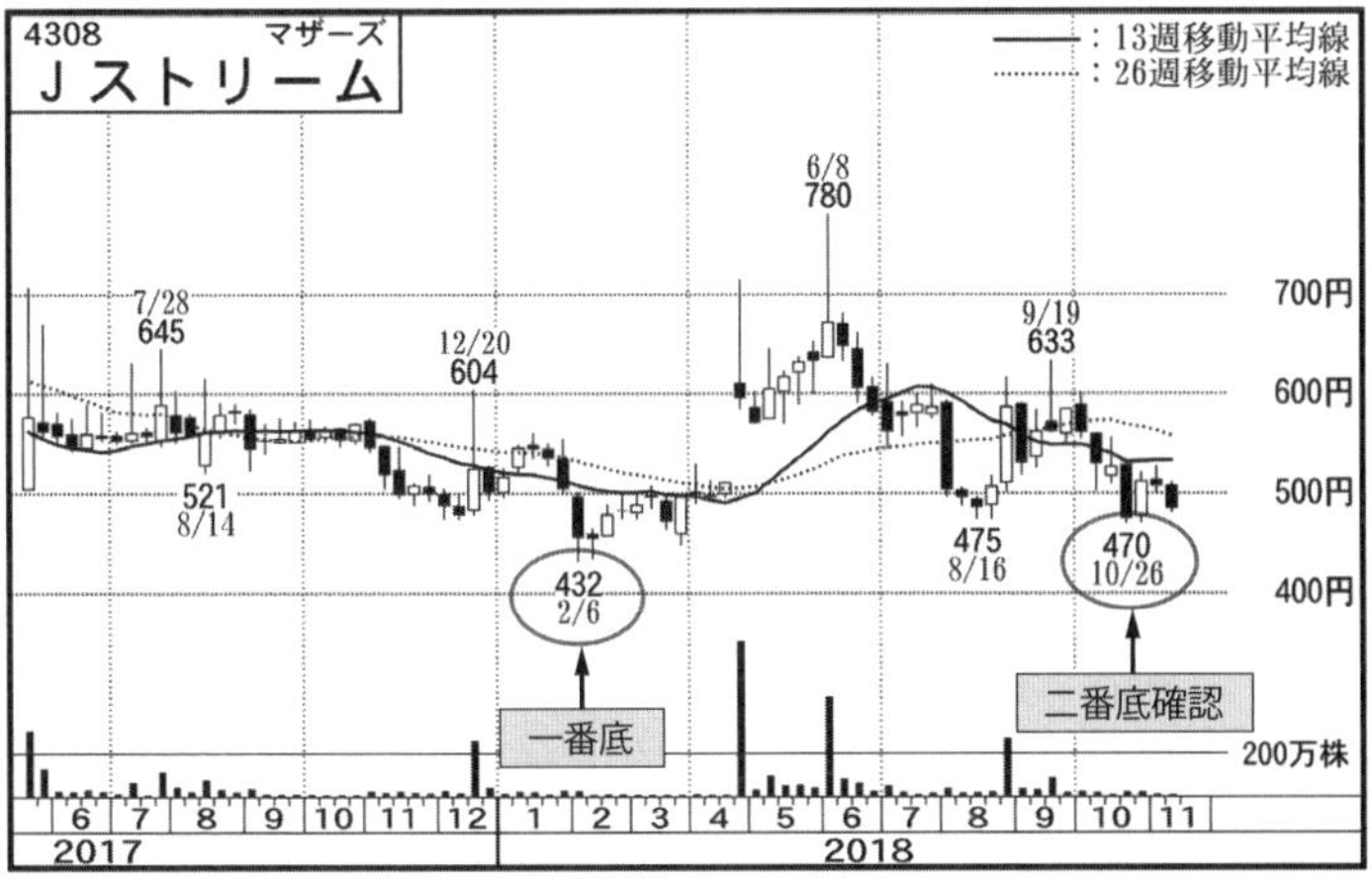

秋葉原のパソコン総合館2階に新設したスタジオに、基本設計、関連機材、ソフトウェア、ライブ配信サービスなどを提供、一歩先行した格好である。

一方、足元の業績は、確実に向上している。2018年3月期は10・5%増収、39・3%増益(1株利益は25円)と、当初計画比上ブレし着地した。配当は7・5円とした。2019年3月期は、13・9%増収を見込んでいる。

株価は2018年6月8日に780円の高値をつけたものの、直近は500円がらみの下値圏でもみ合っている。時価のPERは20倍前後だ。レシオ的に割安感はないが、テーマ的には面白いと思う。

全世代的な生活スタイルの激変は時代の流れ
日本コンピュータ・ダイナミクスは未来を変える企業！

シェアラー・ラッシャー・ソリストが急増中

読者の皆さんは、最近話題のシェアラー（Ｓｈａｒｅｒ）、ラッシャー（Ｒｕｓｈｅｒ）、ソリスト（Ｓｏｌｏｉｓｔ）という言葉（トレンド）をご存知か。若者は誰でも知っている、と思う。いや、高齢者の間でもこの〝生活スタイル〟が定着しつつある。

シェアラーとは、文字どおり「シェア（共有）する人」だ。家、自動車、自転車、衣服、バッグ、ペットなど対象品目は激増している。

次のラッシャーとは、時間の短縮を求める人のことをいう。このサービスも立派なビジネスに育っている。「エッ？」といわれそうだが、ジグソーパズルを製作する代行業すら存在する。

◎日本コンピュータ・ダイナミクス（4783）の週足

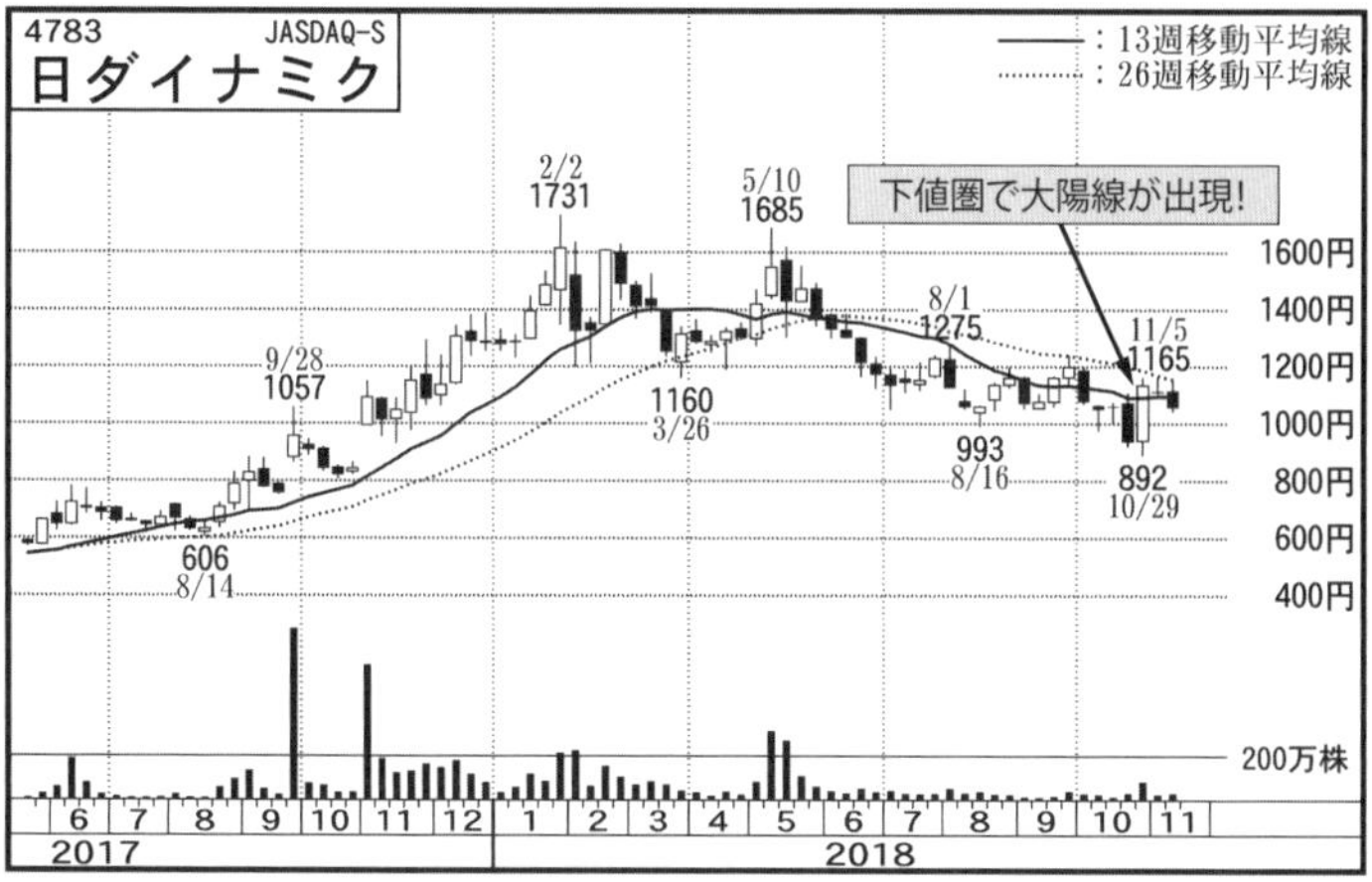

3つ目のソリストは、「お一人様」を好む人たちだ。カラオケ店、居酒屋、スポーツ店などに、わずらわしい人間関係を嫌う人が集う新業態の店が増えている。この背景には、単身世帯の増加があろう。

こうした状況下、単身世帯の〝終活〟に対するニーズは高い。**鎌倉新書（6184）**は郵便局と提携、終活サービスを行なっている。

日本コンピュータ・ダイナミクス（4783）は、クラウド関連のシステム開発および運用サービス、駐輪場管理システムをメインビジネスとする。同社のNCDパーキング事業は、「IT技術と自転車で街を、未来を変える」とし、「EcoStation21」と「ECOP

ＯＯＬ」を展開している。

さらに、カフェ併設のサイクルショップ（アメリカ製自転車などを販売）を手がけている。要するに、同社は「地球にやさしい企業」といえる。

もちろん、足元の業績は好調だ。２０１８年3月期は5・4％増収、経常利益は2・4倍増となった。１株利益は66円、配当は2円増の14円とした。クラウド関連分野の伸びが大きかったという。

この好決算を背景に、中期経営計画の見直しを行なった。すなわち、２０１９年3月期の売上高は１７０億円、営業利益については7億円としていたが、９億５０００万円に上方修正した（売上高は据え置き）。

同様に、２０２０年3月期の営業利益は、当初計画の8億円を10億円に増額している（売上高は当初予想の１８０億円）。ＩＴ関連事業、パーキングシステム事業ともに受注が安定的に伸びているほか、業務プロセス改善による利益率の向上が見込める、という。

株価は１０００円前後でもみ合っている。好業績に加え、テーマ性を内包、ＰＥＲは13倍前後と出遅れている。

安倍首相のエストニア訪問に有力IT企業が随行 スマートバリューは電子都市の構築業務に注力中！

自治体向けのクラウド事業が伸長、再度の株式分割にも期待

これは意外と知られていないようだ。2018年2月に、安倍晋三首相が北欧6カ国を突然訪問した〝理由〟、である。政界関係者を含め、多くの人が「なぜ北欧に？」と受け取ったのではないか。

その理由は、エストニアにあった、といわれている。随行団に**FFRI（3692）**、**楽天（4755）**など日本の有力IT企業の経営陣が20人以上も参加したといわれているのが、その証拠だろう。

エストニアは、知る人ぞ知る「電子国家」である。その基盤を支えているのがGuardtime社の技術だ。今回の訪欧の目的は、同社の技術導入にあった。実際、〝商談〟

は成功したという。

その第1号案件が、ブロックチェーン都市（石川県加賀市）を目指した日本初のプロジェクトだ。ITだけにスピードが速い。いわゆる、電子行政・電子都市の構築計画である。

スマートバリュー（9417）は、このプロジェクトにブロックチェーンの技術「Broof」を持つシビラ（非上場）とともに参加している。シビラは、Guardtime社のノウハウを提供する。

このプロジェクトでは加賀市の産業、資源、教育、公共サービス、人材育成などの課題解決に、ブロックチェーンの技術とICT（情報通信技術）を活用し、電子行政による社会コストの削減を目指している。スマートバリューは、その加賀市にR&Dセンターを建設する。

さらに、今回構築するKYC認証基盤は、総務省が掲げる「マイキープラットフォーム構想」を先取りするものだ。将来的には、電子国家につながる壮大な実験（プロジェクト）である。

同社の業績は好調だ。地方自治体向けのクラウドソリューションが伸びている。もう1

◎スマートバリュー(9417)の週足

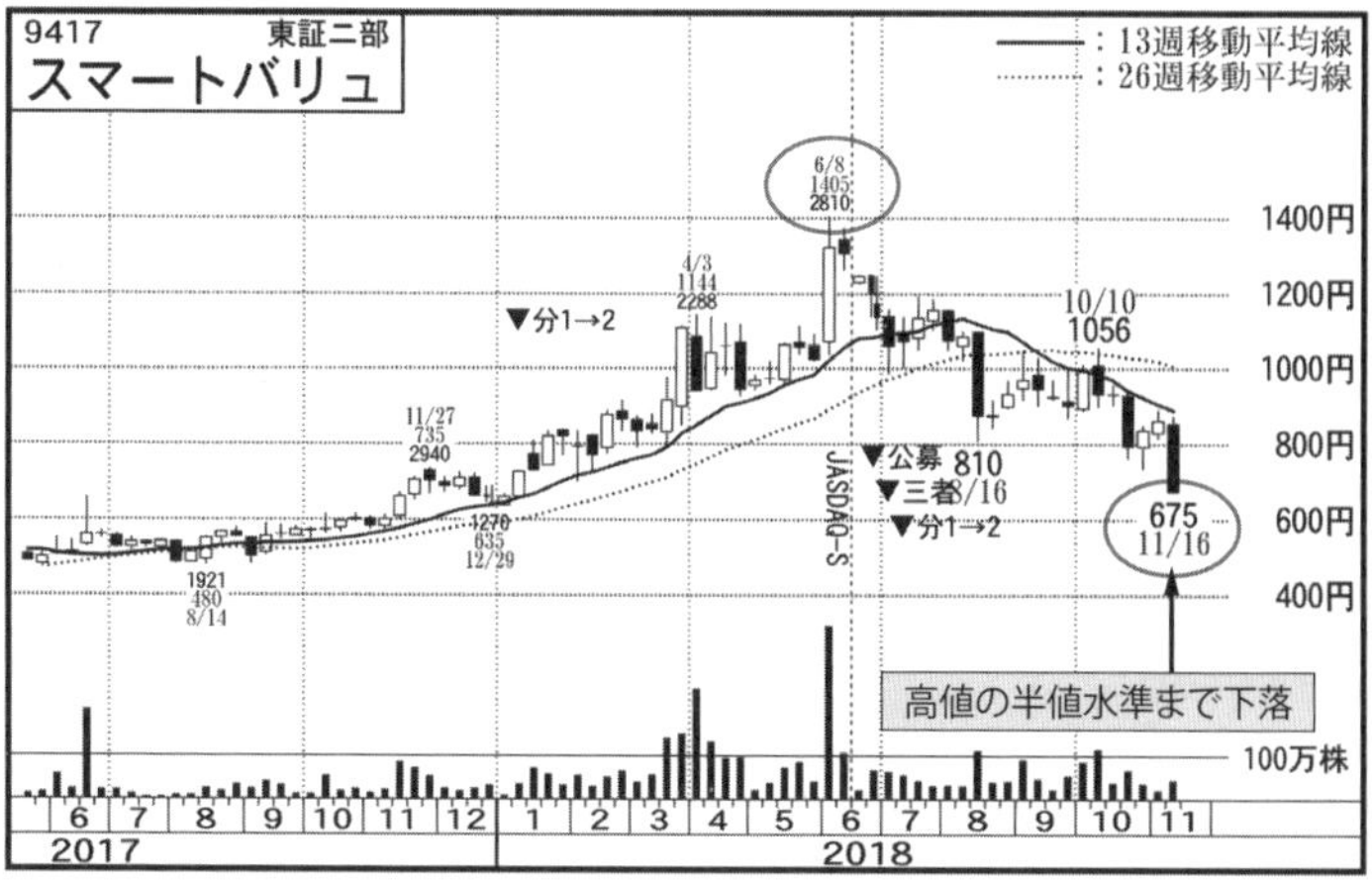

つの柱であるドコモショップの運営業務も、スマホの切り替えなどで底堅く推移している。加えて駐車場、運転情報管理関連ビジネス（有力企業と提携）は有望分野だ。2018年6月期は増収増益基調を維持、2019年6月期も増収増益を確保するだろう。

2017年12月末には、1対2の株式分割を行なった。続いて、2018年6月末にも1対2の株式分割を行なっている。これは、先行きに対する自信の現れと判断できる。

株価は、660〜670円の底練りを続けている。電子行政のニュースは評価されていないが、この材料は非常に大きいと思う。だからこそ株価的には魅力がある。

消費者向けの宣伝媒体にインフルエンサーの活用は不可欠 マーケティング専業のトレンダーズにフォローの風！

業績見通し背景に上昇波動継続中

「インフルエンサー！」。突然、こんな言葉を投げかけられても……。「カゼを引いたの？」。インフルエンザではない。インフルエンサーとは、社会（消費者）に大きな影響を与える人のこと。具体的にはツイッター、インスタグラム、ユーチューブなどに投稿する超有名人（例えばフォロワーが10万人以上いる人）を指す言葉である。

ちなみに、フェイスブックはインスタグラム、グーグルはユーチューブを主戦場に急成長を続けてきた。主な収入源は広告配信だが、最近はネット広告が曲がり角を迎えている、という。もちろん、この分野はまだ急成長の途上にあるのだが、「ネット広告は見ない」という人が増えているのだ。この打開策がインフルエンサーとなる。

◎トレンダーズ（6069）の週足

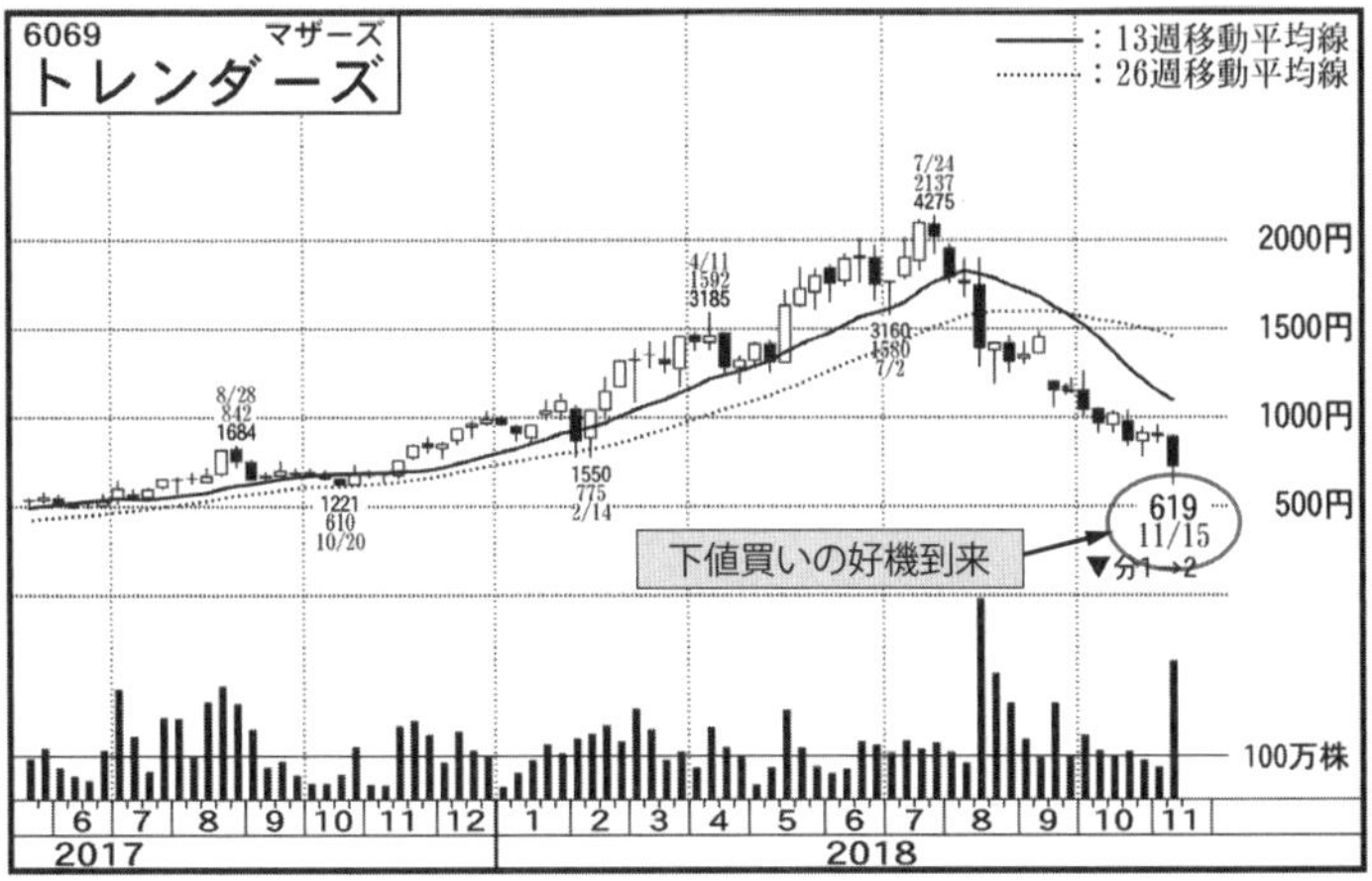

すなわち、新しい宣伝媒体として浮上してきたのが、インフルエンサーの活用である。具体的には、「この商品はすばらしい」といった有名人の声を広く世間に拡散させるのだ。いわゆる、クチコミ効果である。

そのためには、インフルエンサーの囲い込みが必要になる。この分野には、すでに**ＵＵＵＭ（３９９０）**、**バロックジャパンリミテッド（３５４８）**、**アドウェイズ（２４８９）**、**サイバーエージェント（４７５１）**などが注力の構えを示している。

トレンダーズ（６０６９）は、主に女性をターゲットとしたマーケティングの専門会社だが、他とはちょっと違う。すなわち、ＳＮＳインフルエンサー・ネットワークを活用するなど、インフルエンサー・メディアの独自ネットワークを強みとしている。そう、同社はインフルエンサー関連そのもの。ズバリ、本命的な企業なのだ。今後、これが強みを発揮する。

業績は堅調だ。売上高の100％を占めるマーケティング事業が、順調に伸びているという。動画メディアのＭｉｍｉＴＶ、ｅコマースのギフトＥＣなどの買収効果も見込める。

営業利益を見ると、2017年3月期が1億9800万円、2018年3月期が3億4600万円という実績だ。さらに、予想ベースでは2019年3月期5億5000万円、2020年3月期7億円強と、順調に伸びる見通しである。2019年3月期の1株利益は、90円がらみとなる。

配当は2018年3月期が10円増の24円とした。2019年3月期は30円とするとしていたが、現状は「未定」という。

株価は、2018年10月以降、大きく売り込まれたが、ＰＥＲ14倍と、出遅れている。成長性プラス、その魅力的なテーマ性を考えれば、700円前後は買い場だと思う。

食の安全・安心は、もはや世界的・国民的な関心事 オイシックス・ラ・大地にシナジー効果の期待高まる！

NTTドコモと連携強化、有機・無添加のミールキットも人気

最近、食の安全・安心に対する関心が一段と高まっている。もはや国民的、いや世界的な関心事といってもいいだろう。消費者は、農薬・添加物の使用をとみに嫌う。その裏返しに、無農薬、有機肥料を使った野菜・果物などオーガニック食品は、多少高くても買う。

みんな食べるだけで精一杯だった時代と異なり、余裕のある人が増えているのだろう。この背景には、国内的には社会が成熟したこと（核家族化等の進展）、働く女性が増加したこと（購買力の上昇）などが考えられる。実際、人数分の食材をスマホ、ネットで注文するミールキットが伸びている。

単身世帯、核家族の家庭では、食材を購入して調理するとかえって高くつくし、ムダになることが多い。これが食生活の変化だろう。**オプティム（3694）**は、ドローンを使ったスマート農法による「スマート米」を販売し、好評だという。

ミールキットは加工食品だけに、ユーザーは安心・安全を追求する。**オイシックス・ラ・大地（3182）**は、この分野の第一人者だ。農薬、添加物の使用に配慮した野菜・果物などを中心に、ネット販売を手がけている。時流に乗った企業である。

2017年3月に「大地を守る会」を子会社化し、同年10月には経営統合、2018年2月には**NTTドコモ（9437）**傘下の「らでぃっしゅぼーや」（会員制食品宅配業者）を買収した。この縁があって、NTTドコモはオイシックス・ラ・大地に、6億3000万円出資している。

当面の課題は、赤字が続いている「らでぃっしゅぼーや」の再建が急務となる。これについては、早期に構造改革を進めるとともに、NTTドコモの顧客データ（推定7500万件）を生かし、ミールキットの販売などを行なう方針という。

2019年3月期の業績は、売上高が前期比60・1％増の640億円、営業利益が

◎オイシックス・ラ・大地（3182）の週足

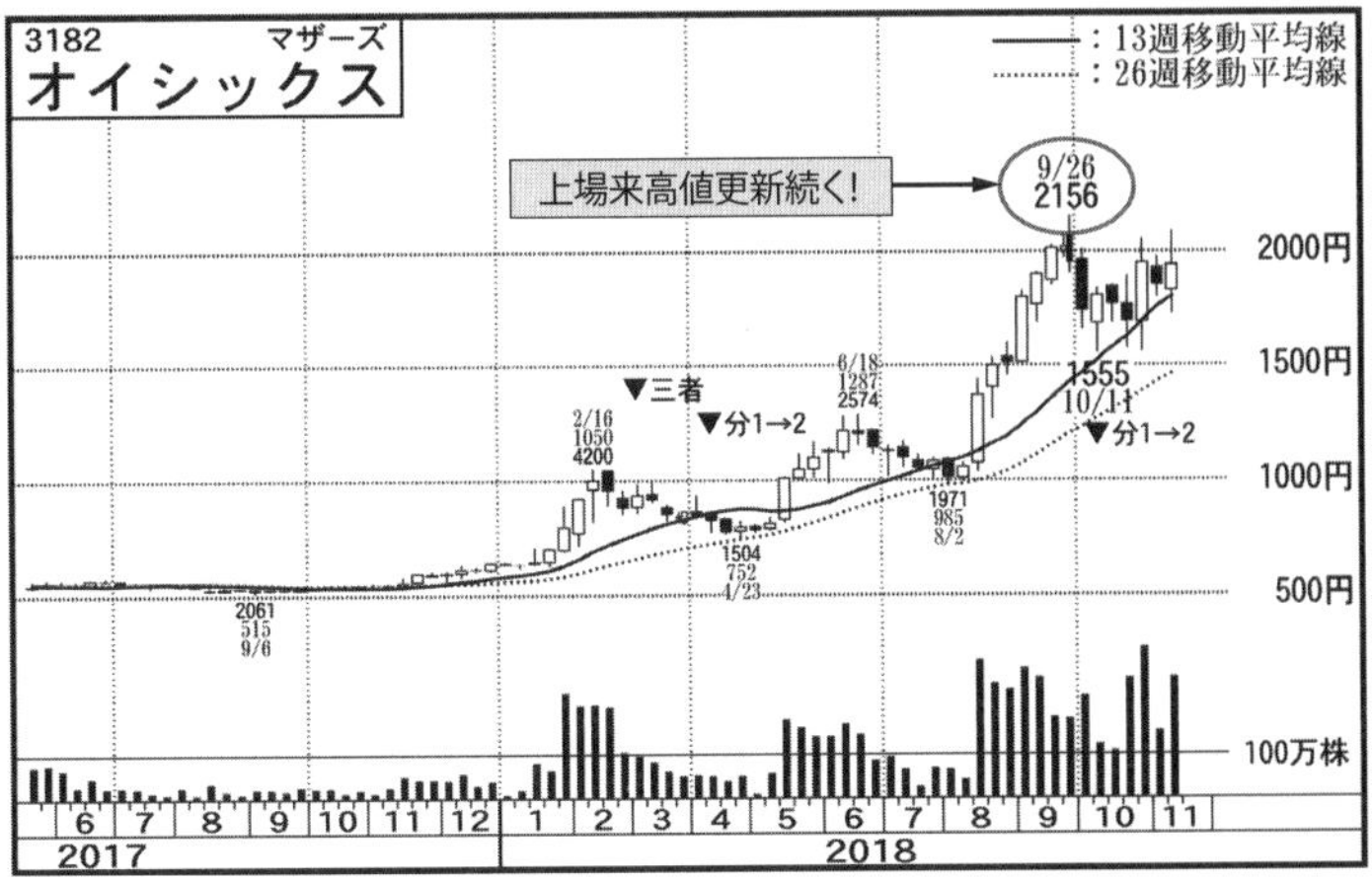

１０２・０％増の18億円となる見通しだ。「らでぃっしゅぼーや」は売上高では１５９億円寄与するものの、利益面では足を引っ張っている（前期ベースで６億円の赤字）。

しかし、同社の赤字体質が解消されると、このマイナス分がプラスに転じることになる。いずれ、関連３社のシナジー効果が発揮されるだろう。また、今後３年間に20億円を投じ、物流センターの再編、製造工場の拡張を行なう計画もある。この先行投資を優先するため、配当は無配を継続する。

株価は１９００円前後の水準でもみ合っている。ＰＥＲ的に割安感はないが、ユニークな業態と成長性は評価できる。

COLUMN 2

「携帯料金を国が決める」というおかしな話

日本政府は、菅官房長官の「携帯電話の料金は今より4割下げることが可能」との発言に示されているように、通信費の抑制に動き始めている。2019年10月の消費税率引き上げに対応、消費を喚起する狙いがあろう。

これに対し、**NTTドコモ（9437）**、**KDDI（9433）**、**ソフトバンクグループ（9984）**は、3～4割値下げする意向を表明している。この結果、通信キャリア各社の株価が急落、株主にとっては「つらい状況」になりつつある。

ただ、株価が急落したのは収益悪化懸念だけではない。外国人などには、「この国は社会主義国家か」との懸念があったと思う。携帯電話の料金を国が決める——おかしな話である。

とはいえ、料金値下げ→業績大幅悪化とはなるまい。3Gのサービスを停止させ、5Gに移行した場合、通信費は逆に膨らむのではないか。さらに、今回の急落で配当妙味も増している（NTTドコモ3.9%、KDDI 3.7%）。加えて、ソフトバンクグループの携帯子会社（予想配当利回り5.0%）が2018年12月19日に上場する。

◀第3章▶

勝ち残る投資戦術

短期・順張り作戦と長期・逆張り作戦

短期・順張りの極意は、強い銘柄を徹底して攻めること
長期・逆張りには、「株式貯蓄」の発想が必要となる

株式投資の損失は「経費」と考えよ！

勝ち残る投資戦術には、「短期・順張り作戦」と「長期・逆張り作戦」がある。これは筆者が従前より繰り返し述べてきたことだが、この2つの戦術を並行して行うことが株式投資の〝必勝法〟となる。

短期・順張り作戦は、文字どおり目先勝負である。強い銘柄を徹底して攻める。強い銘柄とは、チャート（日足）が右肩上がり、かつ時価が移動平均線の上に位置し、高値追いが続く銘柄である。ケーススタディ編で詳述するが、このような強い銘柄を徹底的に攻めるのだ。いわゆる、順張りパターンの銘柄である。

短期・順張り銘柄の投資期間は、長くて3カ月程度とする。この間、買いと損益確定

を何度も繰り返して、利益を積み重ねる。利食いはもちろん、損切り（ロス・カット）も躊躇《ちゅうちょ》なく行う。

この際の注意点としては、利食いと損切りのライン（損益率）をあらかじめ決めておき、それをかならず守ることだ。例えば、1000円で買ったA社株に対し、8％上がれば利食い、5％下がれば損切りするというルールを定める。このケースでは、1080円で利食い（利益確定）、950円で損切り（損失確定）となる。

短期・順張りでは、損切りを嫌がってはいけない。利食いと損切りのライン（損益率）がともに5％の場合でも、3勝2敗（利食い3回、損切り2回）なら、トータルの利益はわずかではあってもプラスである。

もちろん、損切りの回数が少なければ、その分利益は増える。また、利食いの率を損切りの率より大きくしておけば、3勝3敗（勝率50％）でもトータルの利益はプラスとなる。

仮に、投資資金が100万円の場合、3回の利食いで20万円儲け、同じく3回の損切りで15万円損をしたとする。トータルの利益は5万円（取引コスト除く＝以下同じ）となるが、投資期間が短ければかなりのパフォーマンスといえる。

株式投資で重要な点は、損失を「経費」（＝必要なコスト）ととらえること。どんな商売・ビジネスにも、経費がかかるではないか。株式投資にも、当然、経費はかかる。もちろん、経費は少ないほうがよい。経費が少なければ、その分利益は大きくなる。そのためには、銘柄研究だけでなく仕掛けのタイミングなどの投資戦術を確立し、投資手法を磨く必要があろう。

また、もう1つ大切な点は、できるだけ投資資金を寝かさない（現金のままにしておかない）こと。「お金は酷使すると逃げる！」との教えは承知しているが、いくらたくさん投資資金を証券会社に預けていても、寝かせたままでは1円も増えない。タンス預金と同じである。

長期・逆張りは、「時間に稼いでもらう」という意識を持て！

短期・順張りに対し、長期・逆張りは銘柄の保有期間を最低6カ月、通常1年以上とする戦法である。投資対象の銘柄は、チャートが右肩上がりでなくてもかまわない。

ボックス圏で小さな上げ下げを繰り返す銘柄であっても、経営状況、市場環境に大きな問題がなく、将来性があればよい。買い下がり、売り上がりの戦術を多用する。

理想的な長期・逆張り銘柄は、業績の伸びが安定的に見込め、配当も多い銘柄となる。もちろん、チャートも右肩下がりでないものとなる。ただし、長期・逆張りの場合、チャートは日足ではなく、週足・月足がベースだろう。

日足チャートが下がり続けていても、週足・月足チャートが崩れていなければ、投資対象になり得る。

長期・逆張りの投資スタンスは、下値買いに尽きる。安いところを少しずつ、丹念に拾う。トータルの買いコスト（平均値）を下げながら、とにかく持ち株（保有銘柄）の株数を増やすのだ。基本スタイルは安いところを買う。

長期・逆張りは、「時間に稼いでもらう」という意識が大切となる。仮に、現時点で持ち株の買いコストが時価を下回っていても（評価損が発生している状態）、あわてる必要はない。もちろん、突発的なアクシデントが起き、将来性に赤ランプが灯ったときは別だが、そうでなければ、対象銘柄を預・貯金のように貯め込めばよい。もちろん、急騰場面は一部を利食って、コストを下げる努力が必要である。

そう、株式貯蓄（「株貯」）の発想である。配当、優待をもらいつつ、じっくり実が熟すのを待つのだ。古来、「辛抱する木（気）にカネが成る！」というではないか。

短期・順張りと長期・逆張りの「組み合わせ」が資産激増をもたらす

短期・順張りと長期・逆張り、そのどちらを選択するかについては、まず自分の性格を分析することが必要となる。

筆者の経験によると、せっかちで短気な人にとって、長期・逆張りは物足りない。反対に、のんびりしていて優柔不断な人に、短期・順張りは不向きだ。特に、損切りをなかなか実行できない人が、値動きの激しい短期・順張り銘柄に手を出すと、「引かれ腰は大ケガのもと！」になる。

ただ、短期・順張りだけ、長期・逆張りだけでは、投資効率を上げにくい。短期・順張り1本の場合、手の合う銘柄に出会えればいいが、いつもそううまくいくとは限らない。ときに、「株を貯め込む」という発想が必要となる。

一方、長期・逆張り1本の場合は、手仕舞いをする（利食う）まで時間がかかる。いくら配当、優待をもらえるとはいえ、最低6カ月以上、銘柄の仕込みだけに専念できるのか。株式投資の楽しさの1つは、少額であっても利益を確定させ、キャッシュを自分のものにする点にある。

理想的な投資戦術は、自分の性格に応じて短期・順張りと長期・逆張りを組み合わせること。例えば、せっかちで短気な性格だと思う人は、投資資金の7割を短期・順張りに、3割を長期・逆張りに振り分ける。逆に、優柔不断な性格だと思う人は、投資資金の3割を短期・順張りに、7割を長期・逆張りに振り分けるのだ。すなわち、自分の性格によるポートフォリオの構築である。

そうすれば、短期投資で利ザヤをこまめに稼ぎつつ、長期投資で大きなリターンを狙うことが可能となる。これぞまさしく、「勝ち残る投資戦術」→「資産激増の投資戦術」である。ただ、その際の注意点としては、短期・順張りと長期・逆張りの線引きをはっきりさせなければいけない。そのため、口座（証券会社を別にする）を複数つくるのは効果的だと思う。

このような話をよく聞くことがある。短期・順張り用としてB社株3000株を買ったら、いきなり10%値下がりした。仕方がないので、長期・逆張り用に変更することにした。その後、急落するたびにナンピン買いをしたが、「今では1万株が塩漬けとなって困っている」と。

これはまさしく、「はからずもの長期投資」である。これではいけない。短期・順張りとして買った銘柄は、あくまでもその方針を貫く必要があろう。

逆に、長期・逆張りでC社株を1000株買ったら、「いきなり5%値上がりしたのですぐ利食った」という〝自慢話〟をよく耳にする。もちろん、これもいけない。配当と優待をもらいながら、大きなリターンを目指すという当初の戦略はどこへ行ってしまったのか。

短期・順張りと同じく長期・逆張りの場合は、アクシデントがない限り、最初に決めた戦略、および目標を貫くことが肝要となる。

以下の項では、具体的な銘柄をケーススタディに、短期・順張りと長期・逆張りの要点を述べてみたい。実践編である。

短期・順張りではチャートと出来高に主眼を置く
移動平均線の積極活用で波動取りを実現！

ＩｏＴサービスのオプティムはＡＩ分野の材料豊富

オプティム（３６９４）は、佐賀県を地盤とするＩｏＴサービス会社だ。チャートは２０１８年の7月以降、9月上旬まで見事な上昇トレンドを描いた。短期・順張りにふさわしい銘柄とは、このようなものをいう。

同社の２０１８年の株価は、1月始値２７６０円が2月6日に２１００円まで下押した（下落率23・9％）。しかし、その後6月19日の３０１０円→7月26日の３１８０円（上昇率5・6％）→8月15日の３６５５円（同14・9％）と上値を切り上げる。そして、9月11日には５３７０円（同46・9％）まで駆け上がった。これはもちろん、上場来高値である。

◎オプティム（3694）の日足

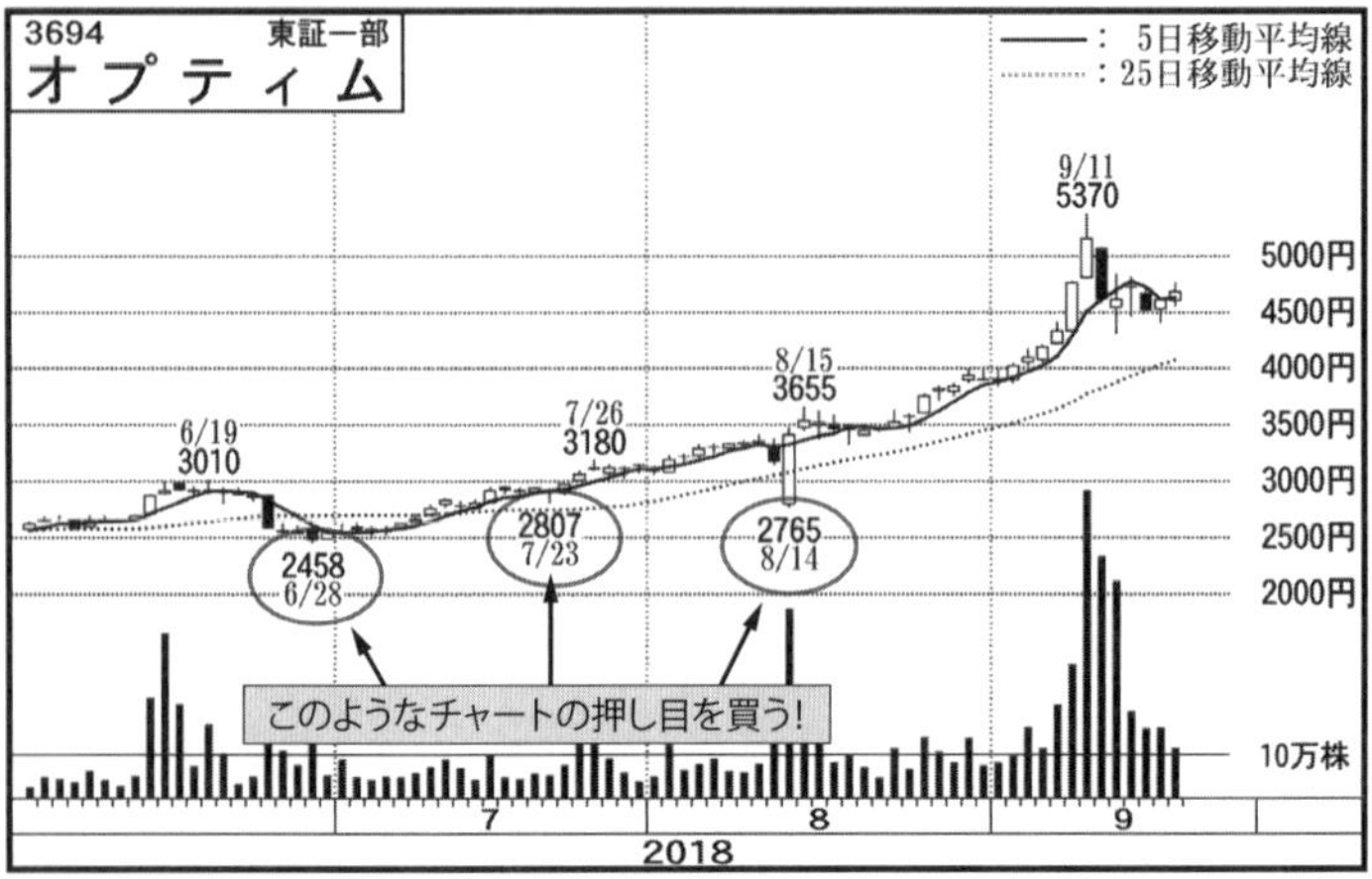

このような銘柄のケースでは、まず、上値を切り上げたところで1回目の買いを入れる。打診買いだ。次に、押し目をつけたタイミングで2回目の買いを入れる。利食いは、2回分の買いコスト（平均値）が目標ラインを突破したところで行なう。投資資金が乏しければ、押し目をつけたところの買いだけでもいいが、買いそびれることが多いので注意すること。

同社は、AI、IoT、ロボット、ドローンなどの分野において、積極的なタネまきを推進している段階である。この努力が「2020年以降、開花する」（会社側）だろう。実は、間接資材のネット販売最大手、**MonotaRO（3064）**は、佐賀大学と組んで無人レジ分野に注力している。オプティムは、これに絡んでいる。ドローンを駆使したスマート農業では先陣を切っている。

さらに同社は、医療情報サービス会社の**エムスリー（２４１３）**とは、話題のがんの見落としに関する診断法「ＡＩオープンプラットフォーム」の協業を行なっている。これは、社会的なテーマである。

また、オプティムの「ＡＴＭコーナー監視システム」は、振り込め詐欺を防止するもの。佐賀銀行のＡＴＭを使って、実証実験を開始している。

短期・順張りの場合は、目先の業績にとらわれる必要はない。着眼すべきは、チャートの形状と出来高である。出来高は、２０１８年６月第３週に89万８５００株の大商いとなった。これは前週比３・８倍である。そう、「出来高は株価に先行する」というではないか。

もちろん、これは**メルカリ（４３８５）**などとも共通することだが、将来性（業績は数年後、劇的によくなる）、およびテーマ性を十分に吟味する必要がある。

移動平均線が教えるソフトウェア・サービスの売買ポイント

ソフトウェア・サービス（3733） は、病院向けシステムの大手ベンダーだ。電子カルテ「eカルテ」をはじめ、医療オーダリングシステム、看護業務支援システムなどを手がけている。ソフトの開発、営業、保守・管理等を自社で行なっており、これによって医療現場の細かいニーズを吸い上げている。

2018年の株価は、1月4日の始値6950円が7780円で引け（上昇率11・9％）、市場関係者の注目を集めた。そして、9日には9690円まで急騰した。これは、4日の終値に対し、24・6％もの値上がりである。

しかし、2月6日には6910円まで急落した。年初の高値9690円に対し、28・7％下落したことになる。その後、4月9日には9570円まで戻したが、5月30日には6770円と年初安値を更新する。

並みの銘柄であれば、そのまま低迷するところだ。しかし、7月19日には再び8900円まで回復、8月8日の7320円を二番底に、9月13日には1万3340円まで急騰した。待望の5ケタ乗せである。

◎ソフトウェア・サービス（3733）の日足

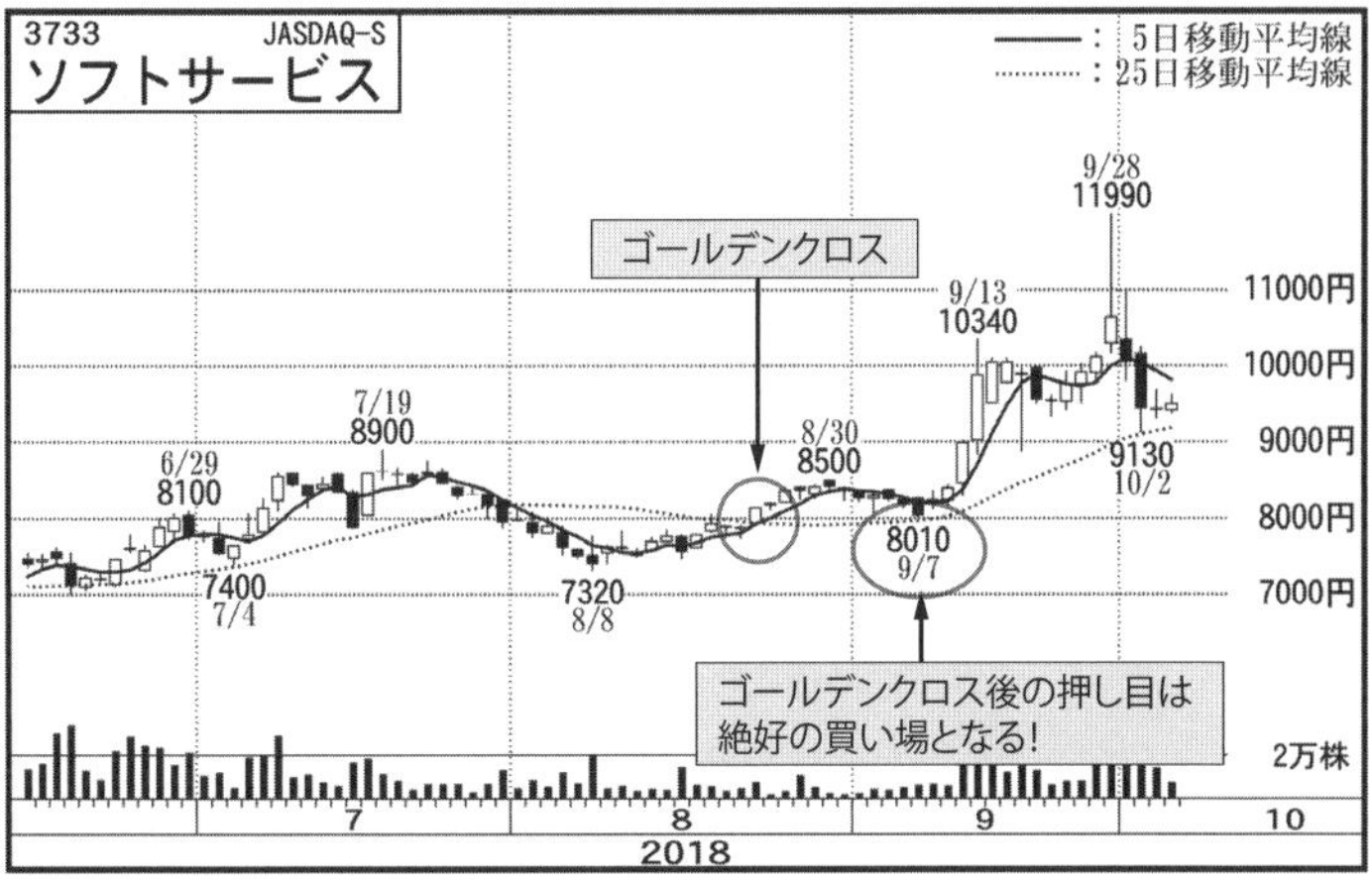

同社株の日足チャートを見ると、移動平均線が売買ポイントを示唆している。すなわち、5日線が25日線を上回ったところで買いを入れていれば、短期・利食いに成功したことになる。

２０１８年は、そのチャンスが3回あった。1回目は3月13日。翌営業日の始値７９２０円が、4月9日に９５７０円まで値上がりした（上昇率20・8％）。2回目は6月13日。翌営業日の始値７４８０円が、7月19日に８９００円をつけている（上昇率19・０％）。3回目は8月24日。翌営業日の始値８２１０円が、前述のとおり9月13日に1万３４０円を示現している（上昇率25・9％）。

結果的に、同社株は短期波動取りにぴったりの銘柄となった。特に、値がさ株の場合は、移動平均線のゴールデンクロスが分かりやすいので、似たような銘柄が見つかれば参考にできると思う。

この銘柄の魅力は、値動きだけではない。実はＳａａＳ（ソフトウェア・アズ・ア・サービス）の本命的な存在である。ＳａａＳは、必要な機能を必要な分だけ利用できるソフトウェアのことで、ＩｏＴ、ビッグデータ時代にその実力が発揮される。

もちろん、高収益だ。２０１８年10月期は、売上高が前期比20・2％増の１７５億円、最終純益が34・3％増の25億円強を見込んでいる。経常利益ベースでは、第３四半期決算時点で、すでに77％の進捗率となっており順調だ。２０１８年10月期の１株利益は５００円を超えるだろう。さらに、２０１９年10月期の１株利益は５５０円と予想されている。

震災関連に飛びつき、大ヤケドを負った投資家たち

２０１８年9月6日、午前3時頃、北海道胆振《いぶり》地方中東部を震源として、マグニチュード6・7の地震が発生し、最大震度6強を観測した。この地震の影響を受け、一時北海

道全域が停電となる（ブラックアウト）など、各地域に深刻な被害をもたらした。地すべりは目を覆うほどの惨状だった。このようなとき、株式投資は控えるべきだろう。

しかし、このような局面において（いや、このようなときだからこそ）、儲けのチャンスとばかり目先筋が跋扈《ばっこ》する。短期・順張りに、このような震災関連銘柄はふさわしいのだろうか。

筆者は、懐疑的である。というより、断固拒絶する。いくら、「生き馬の目を抜く兜町」とはいえ、そこまでして（人の不幸を材料にして）儲けようとする気持ちが悲しい。失敗する確率も高くなる。

しかも、このようなケースでは超目先筋の投資家がほとんどだ。そのため逃げ足が極めて速い。スケベ心を出し、ストップ高のあとに提灯をつけに行くと、大ヤケドをするのが関の山であろう。

実際、**土屋ホールディングス（１８４０）**などは、その好例ではないか。同社は、北海道を地盤とする注文住宅会社である。断熱性・気密性が高い住宅を施工・販売し、リフォーム、不動産賃貸等も展開している。

◎土屋ホールディングス（1840）の日足

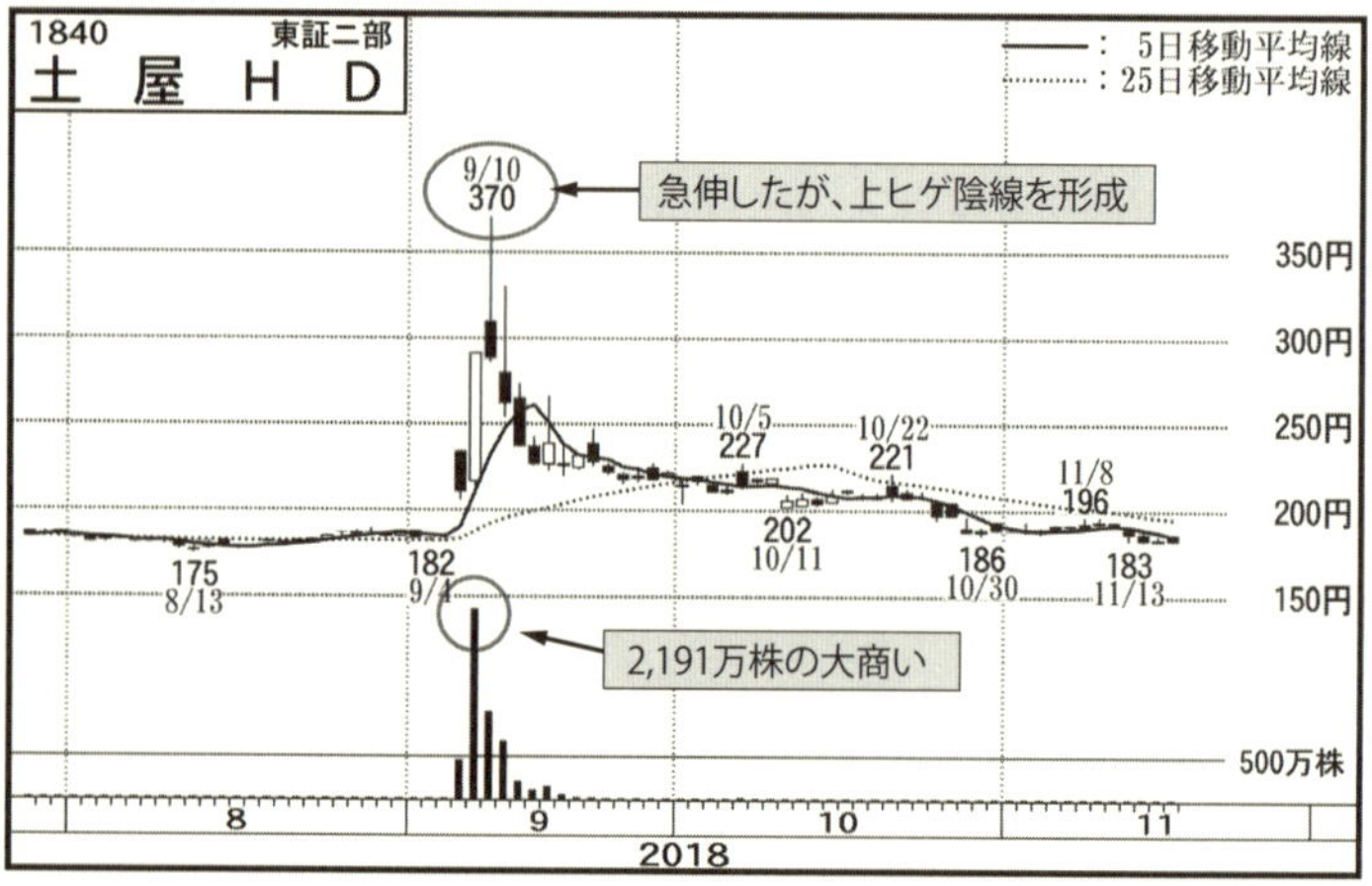

しかし、何といっても同社の存在が知られているのは、スキージャンプ界のレジェンド、葛西紀明《かさいのりあき》選手が兼任監督として同社に所属していることにある。ただ、２０１７年10月期の業績は、売上高２４４億円、最終純益６６００万円にすぎない。そう、低収益である。

それが、北海道胆振東部地震の当日、前日比27・２％高の２３４円で寄り付き、２１１円で引けた（前日比14・７％高）。翌９月７日は始値２１７円が終値２９１円となり、２日連続のストップ高（前日比37・９％高）を示現する。さらに、休み明けの９月10日には、一時３７０円まで買われたのだ。まさに、人気先行（大フィーバー）である。

しかし、ローソク足はこの日を含め4営業日連続の陰線となり、9月13日には227円で引けた。これは、高値370円に対し、38・6％安の水準であり、相場の起点となる9月6日の始値234円をも下回っている。

しかも、この間、出来高の急増ぶりがものすごい。地震の前日、9月5日の出来高はわずか2万2100株にすぎなかった。それが地震後には一変する。6日こそ約463万株にとどまったが、7日には2100万株以上の大商いを見せた。おそらく、超目先筋の介入だろう。

しかし、これは大ヤケドを負った投資家が多数存在することを意味する。買い方は、被災した家屋の建て替え需要に思惑を寄せているようだが、「業績に寄与するのか、現時点では甚だ疑問」と断じる市場関係者も多い。被災した人々は、それどころではないと思う。当然である。

兜町には、「災害にも売りなし」という格言がある。しかし、これはそのときどきの状況による。死者が出ているような災害を買い材料にするのは「人の道」に外れる。筆者は、この方針を貫いてきた。今後もこの考えは不変である。

長期・逆張りの要諦は、下値拾いで買いコストを下げること
ナンピン買いは下げトレンドの銘柄には通用しない！

二番底形成後に上値追いとなったソニーは5ケタ乗せを目指す

長期・逆張りの好例として最初に取り上げるのは、**ソニー（6758）**である。チャートは、理想的ともいえる右肩上がりの上昇トレンドを描いている。2018年の株価は、1月4日の始値5250円でスタート、その後、同月23日の5738円→7月18日の6100円→8月30日の6422円→9月28日の6973円と上値を切り上げている。

注目したいのは、3月26日に4959円まで反落したものの、その後この安値を割り込まず、下値を切り上げていったこと。そう、5月30日の5031円が二番底となり、下値不安が遠のいたのである。相場巧者は、「二番底は黙って買え！」という。

ちなみに、日経平均株価は3月26日の2万3４7円が年初来安値だが、5月30日につけた安値2万1931円は二番底にならなかった。2018年の二番底は、10月26日の2万9971円である。

ソニーのように、週足・月足チャートで上値下値を切り上げるパターンの銘柄こそ、長期・逆張りにふさわしい。もちろん、長期・逆張りの場合は押し目買いが鉄則となる。すなわち、安いところを買う。

長期・逆張りの要諦は、できるだけ買いコスト（持ち株の平均値）を下げることにある。そう、長期・逆張りの場合は、先が長い。あせらず、少しずつ下値を拾って持ち株が増えるのを待つのだ。その後、目標値に到達すれば、大きなリターンを手にすることができる。

仮に、ソニー株を買いコスト5500円で300株持っていれば、9月14日終値（6630円）時点の評価益は33万9000円〔（6630円－5500円）×300株〕となる。

ソニーの上場来高値は、2000年3月の1万6950円。このハードルは高いが、

◎ソニー（6758）の週足

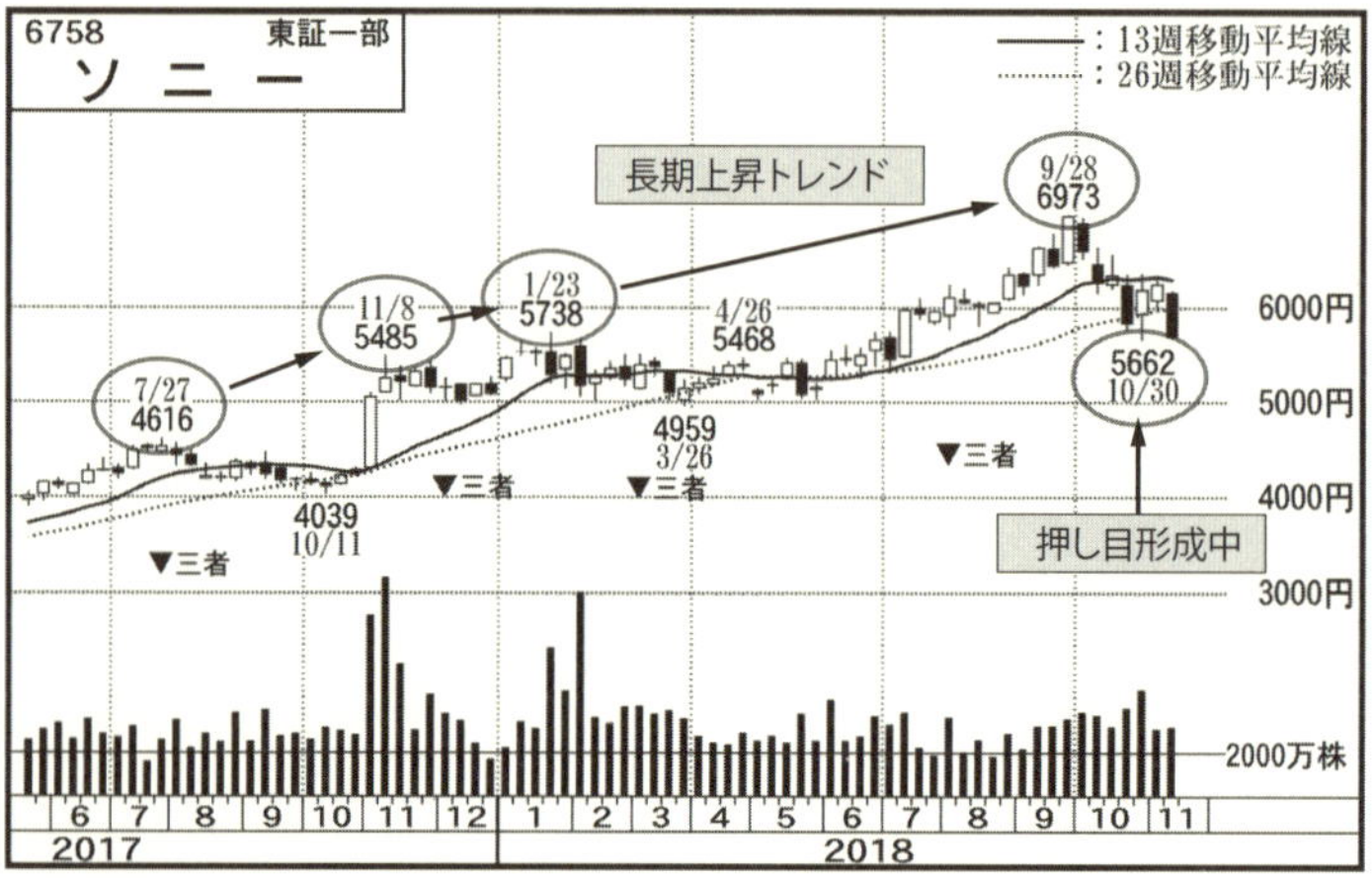

2007年5月には、7190円の戻り高値がある。ここは単なる通過点だろう。2年以上の保有なら、5ケタ乗せ（1万円台回復）も夢ではない。買いコスト6500円で1000株保有した場合、7190円の利食いで69万円〔(7190円－6500円)×1000株〕の利益となる。1万円の利食いなら、350万円〔(1万円－6500円)×1000株〕の利益である。

現在のソニーは〝多面の顔〟を持っている。すなわち、テレビ、カメラ、モバイル機器、半導体、センサー、ゲーム、音楽、金融など多くの分野を手がけている。

営業利益では、ゲームと音楽が全体の4割を稼ぐようになっている。特に、2018年4～6月期（第1四半期）は、ゲーム部門の営業利益が、前年同期比4・7倍となった。主力ゲーム機プレイステーション4の累積販売台数は、8220万台（6月末）に達する。

音楽部門は世界2位、世界シェア25％を誇る。音楽制作、配信事業が好調だ。安定した顧客基盤をベースに、ビジネスモデルは継続的に稼ぐカーリング（循環型）に移行している。

2019年3月期の売上高は、ほぼ横ばい予想だが、これは慎重すぎる。いずれ増額修正されるだろう。最終純益は、前期比43・6％増の7050億円が見込まれているが、2020年3月期について、大手証券では「減益」と予想している。だが、これはおかしい。そうであれば、株価がこのような上昇波動を描くはずがないではないか。

下値模索の展開となった武田薬品工業の値動き

次は、長期・逆張りに不向きな銘柄のパターンを検証してみたい。古来、「株価は賢い。正直だ」という。ときに株価は上下に行きすぎるものの、基本的には現状を正しく認識している。

そう、株価は正しい。**武田薬品工業（４５０２）**の株価がさえない。新安値を更新中だ。実に〝壮大〟な（？）下降トレンドを描いている。まさに、株価（チャート）を見る限り、「どこまで続くぬかるみぞ」といった状況である。

２０１８年は６５００円で始まり、1月10日に６６９３円の高値をつけた（上昇率３・０％）。しかし、同月26日の６６５９円でダブルトップを形成。その後は、３月22日の５４２８円→4月25日の４３９８円と下げ続け、ついに6月19日には４２０３円まで売られた。これには、売り方（ショート筋）の暗躍もあったと思う。

これは、年初の始値に対し、35・３％安い水準だ。仮に、６５００円で最初の買いを入れ、10％安の５８５０円、20％安の５２００円、30％安の４５５０円とナンピン買いをした場合、その買いコストは５５２５円となる。

直近値（11月28日安値）は４１４２円であり、25・０％のマイナスだ。評価損は、55万３２００円〔（４１４２円－５５２５円）×４００株〕となる。今後、年初来高値（６６９３円）と年初来安値（４２０３円）の半値戻し（５４４８円）が示現されても、

◎武田薬品工業（4502）の週足

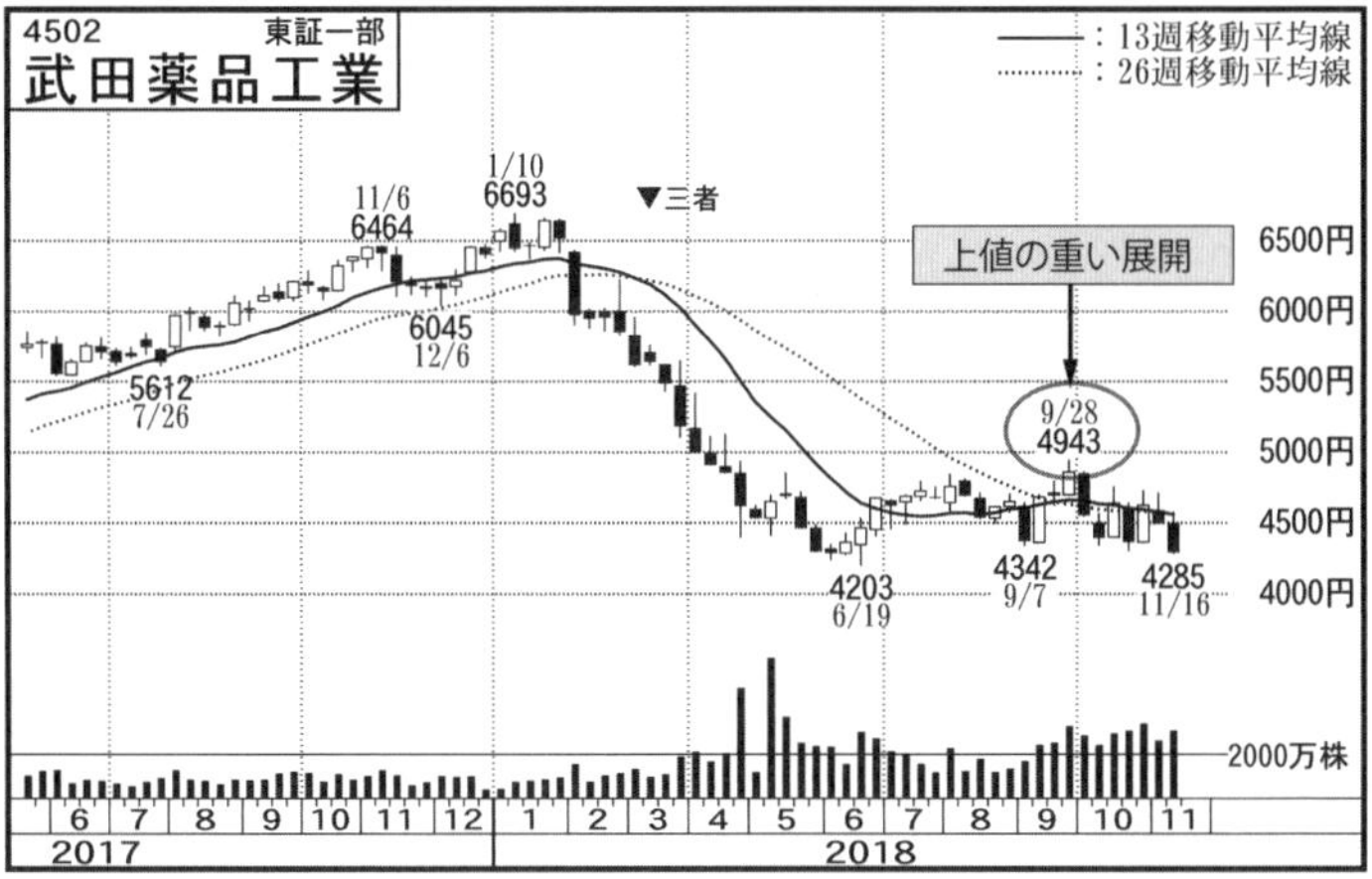

まだ3万8000円のマイナス｛（5448円－5525円）×400株｝。効率の悪い投資である。

なぜ、このような事態に陥ってしまったのか。武田薬品工業は、アイルランド製薬大手・シャイアーを買収する。買収額は、約460億ポンド（約6・8兆円）だ。同社のクリストフ・ウェバー社長は、「今回の買収によって、当社は驚異的な会社になる」とコメントしている。しかし、株価（マーケット）の見方は違う。

株価は、シャイアー買収による規模の拡大（売上高は世界トップテンに入る）よりも、短期的な財務内容の悪化を懸念しているようだ。この買収によって増資が必要となるため、武田薬品工業の借入金は3兆円増える。

週足チャートは完全な崩れ足だ。目先的なアヤ戻しを狙うのはいいが、長期・逆張りには不適な銘柄といえるだろう。

上場来高値更新が続く中外製薬、テーマ性内包の大泉製作所

一方、同じ医薬品セクターにおいて、武田薬品工業の株価とは逆に、右肩上がりの力強い上昇波動を見せている銘柄がある。**中外製薬（4519）**は、2018年6月1日に6210円の高値をつけた。これは、年初の始値5770円を7・6％上回る。

その後、7月27日に5430円まで売られたが（高値6210円に対し12・6％の下落）、8月24日には6360円まで買われ、終値で先の高値を上抜いた。株価はさらに一段高となり、10月2日には7550円をつけている。

仮に、2018年の5770円を皮切りに押し目買いを行ない、買いコスト5800円で400株を保有した場合、11月28日終値（7480円）時点の上昇率は29・0％、評価益は67万2000円〔（7480円－5800円）×400株〕となる。

◎中外製薬（4519）の月足

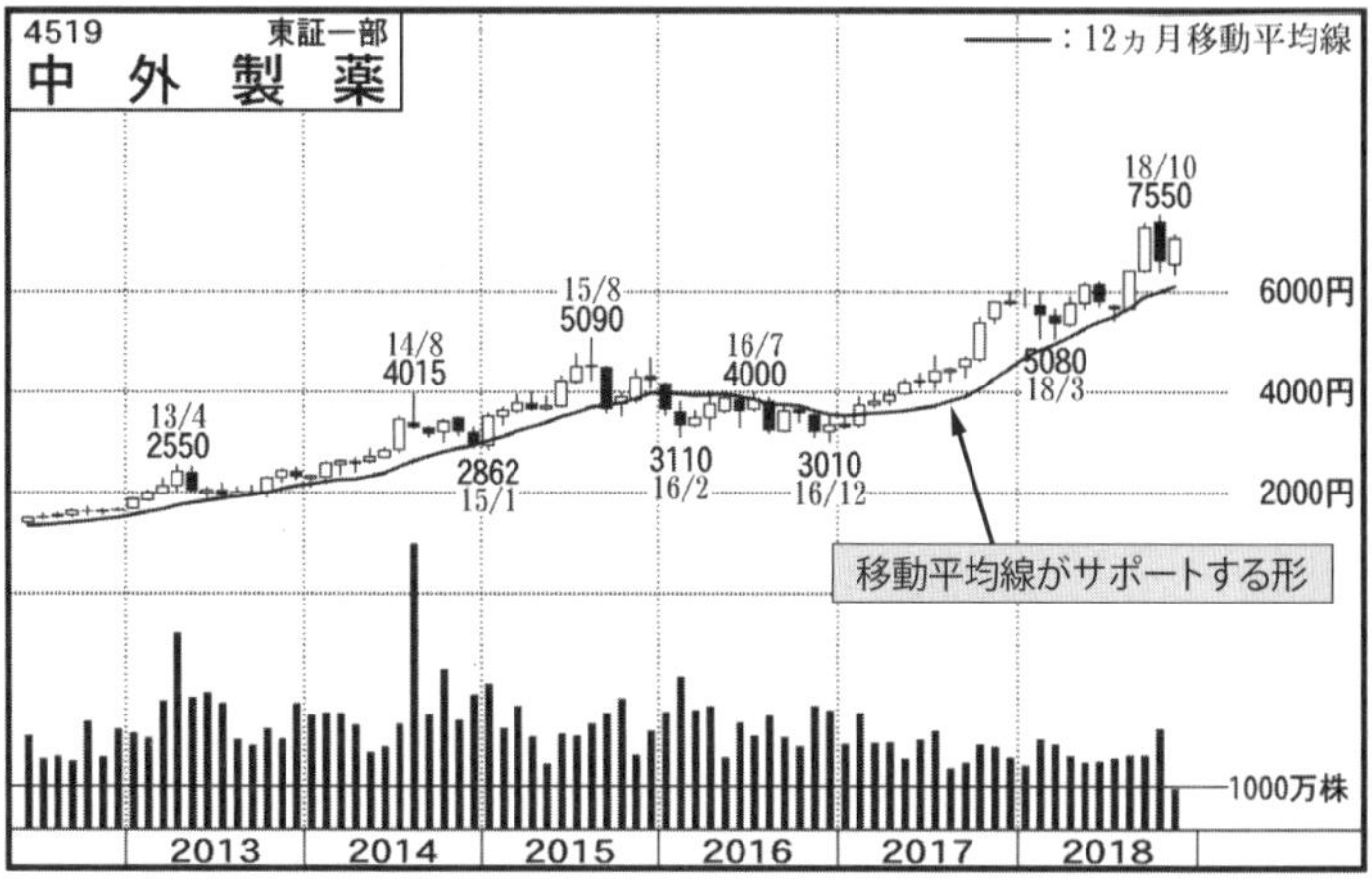

中外製薬の株価は上場来高値更新を続けており、武田薬品工業とは対照的な動きだ。中外製薬のように、株価が移動平均線に支えられて上昇を続ける銘柄であれば、押し目は絶好の買い場となる。

ところで、この両者には、浅からぬ因縁がある。それは、中外製薬が開発中の血友病治療薬「ヘムライブラ」の存在だ。何と、武田薬品工業が買収するシャイアーの主力商品は、この血友病治療薬である。

シャイアーにとって中外製薬は、強力なライバル出現となる。ヘムライブラは現在、臨床フェーズⅢ（最終段階）にある。アメリカＦＤＡの「優先審査薬剤」の指定を受け、開発は加速している。

ヘムライブラの上市（発売）は早いと思う。業界筋によると、ピーク時年商は24億ドル（約2600億円）と予想されている。

しかも、シャイアーの薬剤が週2回の静脈注射なのに対し、ヘムライブラは週1回の皮下注射で済むという。患者の負担は軽減される。売上高5400億円規模の中外製薬にとって、ピーク時年商とはいえ、2600億円の効果は大きい。中外製薬の株価は上値指向を高めているが、中・長期的には、がん治療薬オプジーボが超大型商品に育った**小野薬品工業（4528）**のような急騰劇も期待できる。

なお、同社は、世界有数の製薬会社ロシュが発行済み株式数の59・8%を保有、〝毛並み〟は抜群だ。業績は最高益を更新中である。2018年12月期の最終純益は、810億円（前期比11・4%増）が見込まれている。

このほか、長期・逆張り用の穴株として、**大泉製作所（6618）**に注目している。同社は温度センサーの主力企業である。主要取引先は**デンソー（6902）**だ。自動運転に必要なセンサーを開発しており、テーマ性がある。

◎大泉製作所（6618）の月足

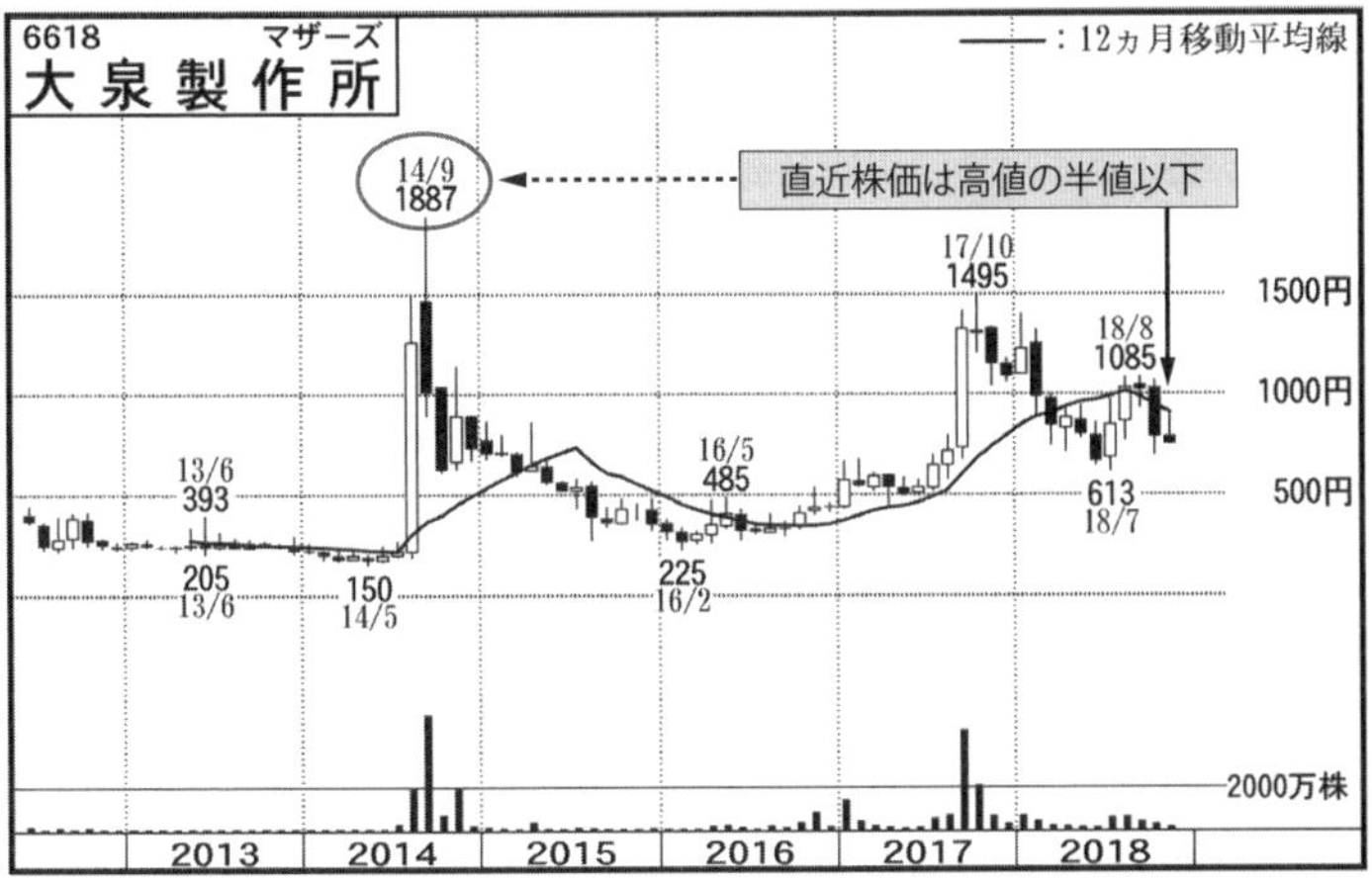

現在、自動運転はレベルⅡだが、2020年以降はレベルⅢに引き上げられる。この場合、車載センサーのスキャンLiDARは、車1台当たり35個が必要になるという。そう、自動運転ではセンサー需要が急増するため、センサーメーカーには、〝特需〟が発生する。**SEMITEC（6626）**などとともに、センサー関連セクターは要注目だろう。

大泉製作所の2018年後半の株価はボックス圏で推移しており、注目度はまだ低い。しかし、2014年9月に、1887円の高値がある。買い方としては、800円近辺の安いところをていねいに拾う作戦をお勧めする。同社株には、年にいくどか急騰する株価習性がある。

COLUMN 3

企業年金が「環境」に配慮した投資にシフト！

公的年金を運用するGPIF（年金積立金管理運用独立行政法人＝通称クジラ）は、炭素効率の優れた企業に対し、重点的に投資する方針だという。企業活動に対する温暖化ガスの排出状況を調べて、10段階で評価する。反面、低評価の企業の投資は圧縮する。

これには、経済に悪影響をおよぼす気候変動リスクを軽減させる狙いがある。これによって、企業の炭素効率は2割超軽減されるという。GPIFは運用資産160兆円を誇る世界有数の年金基金だ。国内外の株式を80兆円保有している。これまでも、企業統治などに優れた企業を選ぶESG投資、さらには女性が活躍する企業に投資するなど、市場関係者たちの考え方に大きな影響を与えてきた。なお、ESGはE＝環境、S＝社会、G＝企業統治を意味し、実際、この投資には3兆円近くを投じている。

理想科学工業（6413）はデジタル印刷機のトップメーカーだが、低炭素社会の実現に向け、植物性素材の大豆インクを採用するなど、環境に配慮した製品開発に取り組んでいる。

《第4章》

富を生む〝杉村流〟投資資金「100万円」ポートフォリオ

株長者になる秘訣は、ヨコのポートフォリオではなくタテのポートフォリオを構築→拡大させること

下値買い下がりで、タテのポートフォリオをつくる

ポートフォリオとは、本来、紙ばさみ・書類入れを意味する。それはやがて、財産目録（保有資産一覧）を指す言葉となる。昔は、有価証券（株券）を紙ばさみに挟んで保管したため、それが転じたのであろう。

また、最近、この言葉は人材募集の際などにも、よく使われるようになっている。特に、クリエイティブ系の職種などでは、自分の作品をまとめた作品集を指すことが多い。

それはともかく、投資の世界では、金融商品・銘柄の「組み合わせ」、分散投資として使われるのが一般的である。「ポートフォリオを組む」というのは、投資資金を1つの銘柄に集中させるのではなく、複数の銘柄に分散させることをいう。つまり、リスクヘッ

■ 主力3銘柄のポートフォリオ(ヨコ)の例

コード	銘柄	2018年初値 (売買代金)	直近値 (評価額)
6098	(1)リクルートHD	2,846.5 (284,650)	3,308 (330,800)
4004	(2)昭和電工	4,940 (494,000)	5,520 (552,000)
8058	(3)三菱商事	3,171 (317,100)	3,380 (338,000)
	計	1,095,750(A)	1,220,800(B)

(注)売買代金は、2018年の寄り付きで100株購入した場合の金額。 評価額は、直近値(2018年10月19日終値)ベースの金額。 単位はすべて円

ジの考え方である。

なお、ポートフォリオには、「ヨコのポートフォリオ」と「タテのポートフォリオ」がある。もちろん、これは筆者が主張している呼び方だが、ヨコのポートフォリオとは、複数の銘柄を1単元ずつ保有することをいう。例えば、①**リクルートホールディングス(6098)**、②**昭和電工(4004)**、③**三菱商事(8058)**を最低売買単位の100株ずつ保有した場合、3銘柄による組み合わせ、つまりヨコのポートフォリオができる。

具体的に、この3銘柄を2018年1

月4日（大発会）の寄り値で購入した場合、売買代金はどうなるか。（1）リクルートホールディングス2846・5円×100株＝28万4650円、（2）昭和電工4940円×100株＝49万4000円、（3）三菱商事3171円×100株＝31万7100円。（1）＋（2）＋（3）＝109万5750円となる（A）。

3銘柄の直近株価は、（1）リクルートホールディングス3308円、（2）昭和電工5520円、（3）三菱商事3380円。よって、この時点における3銘柄の評価額（ヨコのポートフォリオ）は、3308円×100株＋5520円×100株＋3380円×100株＝122万800円（B）となる。

これは、年初に構築したヨコのポートフォリオの売買代金109万5750円（A）に対し、率にして11・4％、金額にして12万5050円のプラスである。

これに対し、タテのポートフォリオは、1つの銘柄を異なる株価水準でいくつか（2回以上）購入してつくる。例えば、最初の買い値を1割下回れば2回目の買い、2割下回れば3回目の買いを入れるなどと決めておき（マイルールの設定）、そのとおり下がって買えれば、タテのポートフォリオができる。

ヨコのポートフォリオだけで資産は築けない

実際、2018年の場合、3銘柄とも年初の始値に対して1割以上下げる場合があり（昭和電工は2割以上下げた）、指値注文をしておけば買えたことになる。

（1）のリクルートホールディングスは、2月14日に2370円まで下げた（下落率16・7％）。これは、全般相場の不振も影響している。それはともかく、初値2846・5円の1割安は2561円（小数点切り捨て＝以下同じ）なので、この下げ過程で2弾目の買いができたことになる。この場合（2回分）の売買代金は、（2846・5円＋2561円）×100株＝54万750円となる（C）。

同じように見ていくと、（2）の昭和電工は4月25日に3585円まで下げており（下落率27・4％）、2弾目は1割安の4440円、3弾目は2割安の3950円で買えている。よって、昭和電工の売買代金は、（4940円＋4440円＋3950円）×100株＝133万3000円（D）となった。

そして、（3）の三菱商事も3月26日に2776円まで売られている（下落率12・5％）。結果、2弾目の買いを、初値3171円の1割安2854円で買えたことになる。三菱商事の売買代金は、（3171円＋2854円）×100株＝60万2500円（E）である。

よって、3銘柄の合計は、（C）＋（D）＋（E）＝54万7500円＋133万3000円＋60万2500円＝247万6250円（F）となる。

3銘柄の評価額（ヨコのポートフォリオ）は、3308円×200株＋300株＋3380円×200株＋5520円×200株＝299万3600円（G）となる。

これは、3銘柄のタテのポートフォリオの売買代金247万6250円（F）に対し、率にして20・9％、金額にして51万7350円（H）のプラスである。

これが、タテのポートフォリオの威力であり、魅力である。短期的に利食うより、大きく儲けることができる。筆者は、講演会などで「私の持ち株は50銘柄以上あります」などと自慢する人によく出会うが、その多くは評価損を抱え、塩漬けになっている。これではいけない。こんなポートフォリオを「はからずもの分散投資」という。

保有銘柄を、あれやこれやとゴチャゴチャ増やしていては決して成果は上がらない。株長者になる秘訣は、ヨコのポートフォリオを拡大させるのではなく、タテのポートフォリオを構築し、それを拡大させることにあろう。

次ページ以降の第4～第6章のポートフォリオ編では、このような考え方に基づき、どのような銘柄の組み合わせでどう運用したらよいか、具体的に述べてみたい。まずは、投資資金「100万円」、投資期間6カ月（短期）の銘柄である。

■ 主力3銘柄のポートフォリオ（タテ）の例

(1) リクルートHDのポートフォリオ

買付日	買値	売買代金
① 1月4日	2,846.5	284,650
② 2月6日	2,561	256,100
	合計	540,750（C）

(2) 昭和電工のポートフォリオ

買付日	買値	売買代金
① 1月4日	4,940	494,000
② 3月23日	4,440	444,000
③ 4月4日	3,950	395,000
	合計	1,333,000（D）

(3) 三菱商事のポートフォリオ

買付日	買値	売買代金
① 1月4日	3,171	317,100
② 2月6日	2,854	285,400
	合計	602,500（E）

3銘柄の売買代金	2,476,250（F）
3銘柄の評価額	2,993,600（G）
評価損益	+517,350（H）

（注）評価額、評価損益はともに2018年10月19日終値ベース

短期用は「エヌ・ティ・ティ・データ・イントラマート」「京写」「前田工織」を選出！

第2弾の買いに備えてキャッシュを残す

投資資金「100万円」、投資期間6カ月（短期）用の銘柄には、①**エヌ・ティ・ティ・データ・イントラマート（3850）**、②**京写（6837）**、③**前田工織（7821）**を選んだ。いずれも、テーマ性を有する銘柄である。

この3銘柄を直近株価で100株ずつ購入したとすると、売買代金はそれぞれ、エヌ・ティ・ティ・データ・イントラマートが2280円×100株＝22万8000円、京写388円×100株＝3万8800円、前田工織2555円×100株＝25万5500円となる。3銘柄合計では、22万8000円＋3万8800円＋25万5500円＝52万2300円となる。

第１弾目の買いとしてはこのままでもよいが、ポートフォリオ上のバランスを取るため、京写の最初の買いを３００株（３８８円×３００株＝11万６４００円）としたい。結果、３銘柄の合計は、22万８０００円＋11万６４００円＋25万５５００円＝59万９９００円となる。

これは、投資資金１００万円の59・99％に相当する。すなわち、この時点でのキャッシュ（現金）比率は40・01％、金額では40万１００円となる。これが、先に述べたタテのポートフォリオの〝軍資金〟である。これを、３銘柄のうちいずれかが下げたとき、第２弾、第３弾の買いの投資資金とする。

もちろん、下値のない場合は、状況を見て、第２弾の買いを入れればよい。

■「100万円」の投資比率（最初の購入時の例）

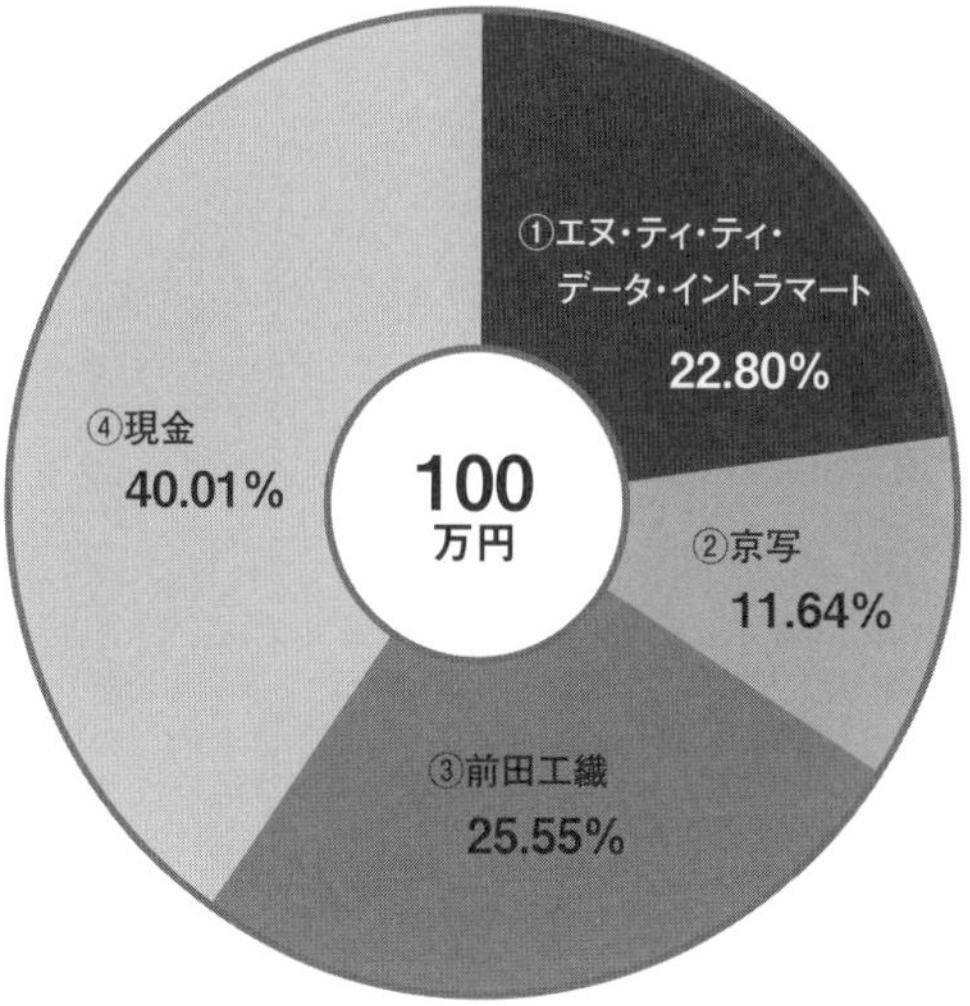

①エヌ・ティ・ティ・データ・イントラマート（3850）
RPA分野を開拓中、「働き方改革」関連としても要注目！

エヌ・ティ・ティ・データの子会社で〝毛並み〟は抜群

猛暑、豪雨、台風、そして地震である。これでは気が休まるときがない。「生命、財産は自分で守れ！」とはいうものの、突然の災害襲来には何ともはや……。

さらに、外部環境では、第1章でも述べたが、トランプ大統領が対日貿易赤字についてコメント、為替が円高に振れそうな気配である。

米中貿易戦争の次は、日本がターゲットになるのだろうか。これでは株式市場が今ひとつ盛り上がりに欠けるのはやむを得ない。しかし、小物を中心に、元気な銘柄はたくさんある。

新高値銘柄（全市場ベース）は連日、相当数出現している。古来、「新高値銘柄を狙え！」という。全般高値波乱下の逆行高銘柄は要注目だろう。

エヌ・ティ・ティ・データ・イントラマートは、そんな銘柄の1つだ。チャートは、10月まで右肩上がりの力強い上昇波動を描いてきた。

社名が示しているように、**エヌ・ティ・ティ・データ（9613）**の子会社だ。エヌ・ティ・ティ・データが、発行済み株式数の46・8％を保有している。このほか、大株主には**NTTドコモ（9437）**、**伊藤忠テクノソリューションズ（4739）**、日立ソリューションズ、NECネクサソリューションズ、富士ゼロックスなどの有力企業が名を連ねている。

同社は、もともとエヌ・ティ・ティ・データの社内ベンチャーが発祥だ。IoT、ビッグデータ、クラウド向けのパッケージソフトに強い。業務アプリケーション、クラウドサービスなど豊富なサービスメニューを有しており、海外実績も上海・香港・インドネシアで150社を超えるという。

さらに、RPA（ロボティック・プロセス・オートメーション→業務の効率化・自動化）に注力、基本ソフトの採用企業は数千社を超えるという。RPA分野は、働き方改革との見方ができる。

好業績、連続増配を評価し、株価は上場来高値を目指す

足元の業績は好調に推移している。2018年3月期に続き、2019年3月期、2020年3月期ともに、史上最高決算となろう。今期（2019年3月期）の売上高は12・7％増の60億円、最終純益は7・2％増の4億6000万円、1株利益は103円（前期は87円）と予想されている。

配当は連続増配を続けている。2015年3月期は無配だったが、2016年3月期は8・5円、2017年3月期は11・5円、2018年3月期は17円だ。さらに、2019年3月期は22円、2020年3月期は22～23円とする。

株価は、2018年2月6日に1749円の安値をつけた。しかし、その後は中段もち合いを経て、ジリジリと水準を切り上げたあと、調整している。

PERは24～25倍と割安感は乏しい。だが、テーマ性と好業績、連続増配、毛並みの良さを評価すれば、3000円台での活躍を期待していいのではないか。

なお、上場来高値は2007年6月の4185円、戻り高値は2013年5月の3890円がある。

◎エヌ・ティ・ティ・データ・イントラマート（3850）の日足

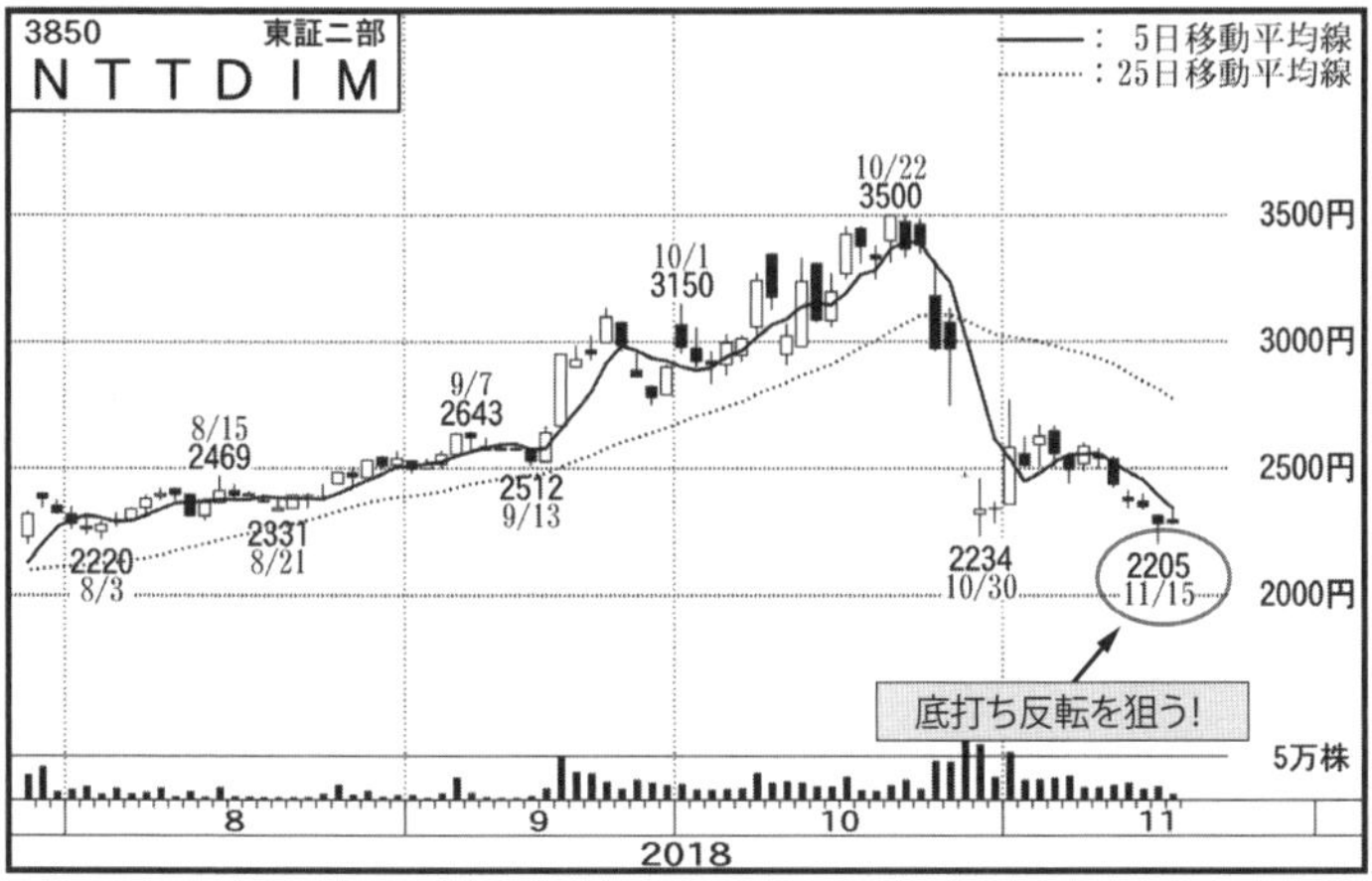

ここに注目！

▶2018年始値 2,160円 (1/4) →安値 1,749円 (2/6)

▶2018年高値 3,500円 (10/22) →直近株価 2,280円

▶第1弾目の購入株数＝ 100株

▶投資戦略＝株価は2,300円がらみ。底値圏にある。理想的な第1弾の買いゾーンは、2,200円前後だろう。第2弾買いは2,000円がらみ。商いが薄いため、ていねいな指値が必要となる。

▶目標株価（6カ月以内）＝ 3,500円前後

② 京写（6837）
電気製品に不可欠のプリント基板が好調！

生産拠点をグローバル展開、世界中に製品供給が可能となる

京写は、1959年、京友禅の捺染用スクリーンの製造・販売会社として発足した。1967年、その技術を生かしてプリント配線板の製造開発に乗り出し、今日まで成長を続けている。

主力のプリント基板は電気を使用する製品に不可欠なため、その用途は非常に広い。そのため、主要ユーザーはAV機器、セキュリティ、ゲーム・アミューズメント、OA・産業機器、医療・健康、自動車・電装品など多岐にわたる。なかでも、自動車向けの片面プリント配線板では、世界シェアトップを誇る。

同社の強みは、そのほかにもある。1つ目は、生産拠点をグローバルに展開しているため、世界中に製品を供給できること。国内の生産拠点は京都のほか九州（熊本）、新潟にあり、海外は中国（広州）、インドネシア（ジャカルタ）にある。

２つ目は、片面版で世界最大の生産能力を持っていること。３つ目は、環境対応製品・実装搬送品など、プリント配線板関連技術の開発に注力していることである。特に、印刷技術を生かしたストレッチャブル基板は、ウェアラブル製品などでの利用が可能で、今後の期待が高まる。

チャートは煮詰まり底値ゾーン、上放れの期待高まる

現在、自動車は急速に電子化が進んでおり、事業環境は明るい。２０１９年３月期の業績は、売上高２２０億円（前期比３・５％増）、経常利益７億４０００万円（同20・３％増）、最終純益５億円（同７・５％増）と予想されている。また、１株利益は２０１９年３月期が35円、２０２０年３月期は38円と予想されている。原材料価格の上昇一服が業績を支援する。

２０１８年の株価は、４５０円近辺を中心としたボックス相場が続いたが、２０１７

◎京写（6837）の日足

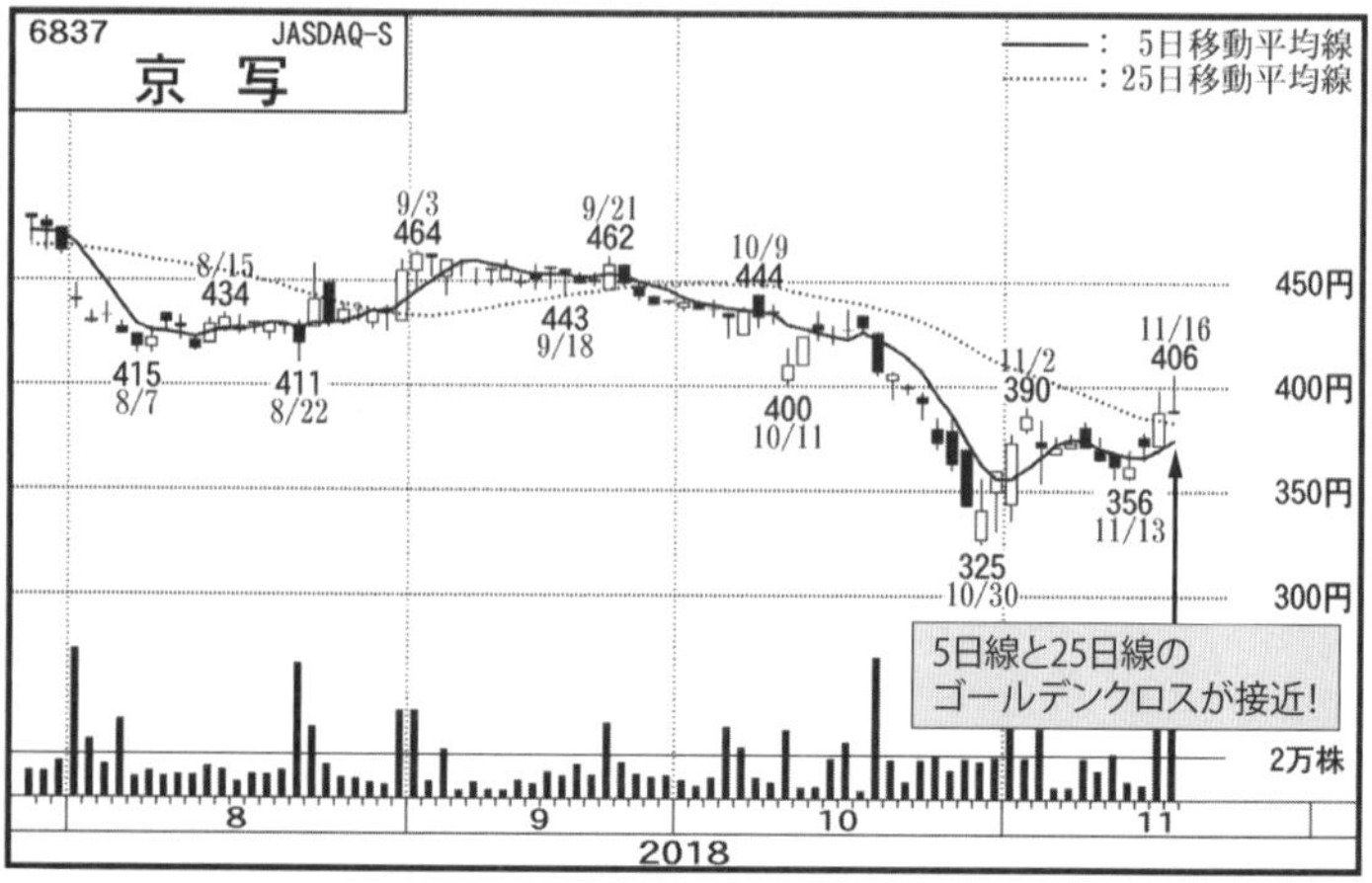

ここに注目!

▶2018 年始値 605 円（1/4）→安値 325 円（10/30）

▶2018 年高値 661 円（1/18）→直近株価 388 円

▶第 1 弾目の購入株数＝ 300 株

▶投資戦略＝直近株価は 380 円がらみ。2018 年 1 月 18 日には 661 円の高値がある。安値は 325 円。第 1弾目の買いゾーンは 350 ～ 360 円、第2弾目の買いゾーンは 330 円近辺としたい。

▶目標株価（6 カ月以内）＝上値のメドは、450 円がらみとなる。

年10月には６９2円まで買われている。時価はＰＥＲ的にも割安（来期ベースで10倍前後）だ。いったん動き出せば値は軽い。中期的には４５０〜４６０円、将来的には５００円台が十分期待できる。

２０１８年5月には、中国において両面プリント配線板、多層プリント配線板の生産委託先（Ｓａｎｔｉｓグループ）と資本・業務提携を行なっている。

同じく6月には、コーポレート・ガバナンスの改革として、執行役員体制の強化をはかっている。これに伴い、児島一登《こじまかずと》氏が代表取締役社長兼社長執行役員に、児島淳平《こじまじゅんぺい》氏が取締役兼専務執行役員に就任した。

実は、児島淳平氏は、京写香港の社長を兼務している。Ｓａｎｔｉｓグループは、香港に本社がある。今回の資本・業務提携は、淳平氏の人脈が生かされた案件だろう。

このほか、ニュースとしては２０１８年3月に、同社の京都工場の「ダントツ生産ＫＡＩＺＥＮ」が、日本電子回路工業会（ＪＰＣＡ）主催の「第1回ＪＰＣＡものづくり大賞」を受賞している。全員参加型の組織的な改善活動が評価されたという。

③ 前田工繊（7821）
異常気象の常態化で注目される防災用建築大手

災害列島ニッポンが直面する社会インフラの老朽化

日本は〝災害列島〟である。特に2018年はひどかった。猛暑に加え、集中豪雨、台風の襲来、そして地震だ。年間3000万人に迫るインバウンド（訪日外国人）はビックリしていることだろう。「すごい国だ、怖い」と。もっとも、この〝非日常〟現象が「これこそジャパンツアー」との声もある。

しかし、そうはいっても、とにかくよく揺れる。地学的な研究によると、日本列島は地震、火山の活動期に入っている、という。

実際、2016年4月の熊本地震以降、震度5以上の地震を列記すると、島根県西部地震、鳥取県中部地震、大阪北部地震、秋田県内陸地震、長野県南部・北部地震（計3回）、

群馬県南部地震、福島県沖地震、茨城県北部地震、北海道胆振東部地震など、11回に達する。

確かに、いつもどこかで揺れている。まあ、大方の日本人は慣れっこになっていると思うが、地震体験の少ない外国人は驚くだろう。

雨も多い。1カ月、1年分の雨がわずか数日、数週間の間に集中して降る。まさに、異常気象である。国土強靭化というか、防災が必要不可欠だろう。

さらに、国土交通省によると、重要な損傷、深刻な劣化が発生しやすいとされる建設後50年を超える社会インフラ（高度成長期に建設）が、今後、2030年に向けて急激に増えるという。

その比率は橋梁、堤防が6割を超え、トンネルは5割、湾岸・岸壁は6割に迫る。いや～、これは恐ろしい話ではないか。

株価は上場来高値を更新中、創業100周年で記念配にも期待

前田工繊は、河川、道路補強など防災用建築・土木資材の大手だ。自動車ホイールも

手がけている。この分野は、生産能力を倍増させる。

主力製品は、盛り土補強・軟弱地盤安定剤「アデム」、落石防護補強土壁「ジオロックウォール」、トンネル用排水材「モノドレンRB」など。自然災害の多発に加え、インフラ設備の老朽化対策が追い風となっている。

一方、業績は好調だ。このところ史上最高決算を続けている。あまり大きな声ではいえないが、主力のソーシャルインフラ事業（売上構成比66％）は、大規模自然災害時に受注が急増する傾向がある。

2018年9月期は、2ケタ増収増益で着地した。2019年9月期も増収増益が見込まれており、売上高は前期比7・8％増の373億円、最終純益は5・1％増の39億円と予想されている。配当は16円を安定配当しているが、2018年は創業100周年に当たる。増配（記念配）が期待できると思う。

2018年11月14日には、2636円の上場来高値をつけた。時価の2500円がらみは、PER的には23倍前後と、妥当な水準といえる。ただ、業界環境の〝好転〟は織り込んでいない。高値追いが期待できる。

◎前田工織（7821）の日足

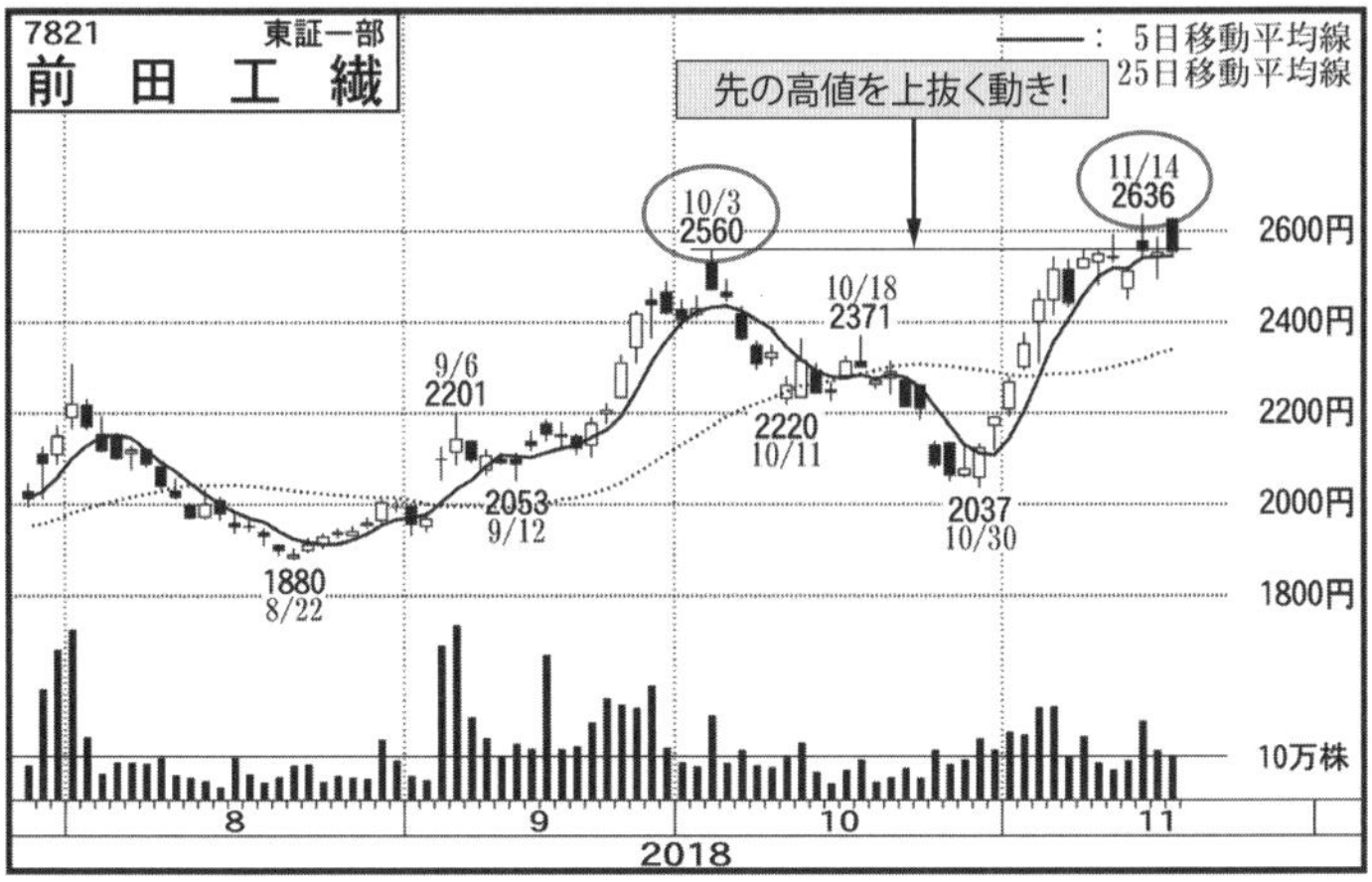

ここに注目!

▶2018年始値2,086円（1/4）→安値1,609円（3/26）

▶2018年高値2,636円（11/14）→直近株価2,555円

▶第1弾目の購入株数＝100株

▶投資戦略＝直近株価は2,550円がらみ。第1弾目の買いゾーンは2,500円前後、第2弾目の買いゾーンは、チャートのフシ目の2,100円がらみ。2段構えの買いをお勧めする。

▶目標株価（6カ月以内）＝高値更新中で需給関係は良好。予想ＰＥＲ30倍まで買われれば、3,000円台乗せが中期的な上値メドとなる。

COLUMN 4

追い風が吹き始めたメガバンク株

金利上昇（利ザヤ拡大期待）に加え、出遅れ物色（バリュー株の見直し）の流れがあって、メガバンクを中心とする金融株が堅調な動きを見せている。また、世間を騒がせた**スルガ銀行（8358）**、**百十四銀行（8386）**などの不祥事は、「アク抜け」近しと受け止められている。

NY市場では、ゴールドマン・サックス、JPモルガン・チェースなどが好業績を評価され、人気を集めている。**三菱UFJフィナンシャル・グループ（8306）**の場合、海外事業が全体の４割を占める。２０１９年3月期の最終純益も、期初予想の８５００億円が９０００億円に上振れする。金利上昇は全般相場にはダメージを与えるが、金融株にはプラスに働くだろう。

さらに、三菱UFJと三井住友銀行は、ATMを相互開放することが報じられた。これは、**三井住友フィナンシャルグループ（8316）**にとって、プラス材料だ。

ただ、地銀株が上値を追うのは難しい。地方経済は低迷を続け、少子・高齢化社会の加速もダメージとなる。地方の金融機関は新たな収益源の開拓とともに、M&A、経営統合など再編の動きが不可欠となる。

◀第5章▶

富を生む〝杉村流〟投資資金「300万円」ポートフォリオ

中期用は「古野電気」「メルカリ」「システムリサーチ」「コムシスホールディングス」でミドル・リターンを狙う

実際の買いタイミングは移動平均線などを参考にする

投資資金「300万円」、投資期間1年（中期）用のポートフォリオは、①**古野電気（6814）**、②**メルカリ（4385）**、③**システムリサーチ（3771）**、④**コムシスホールディングス（1721）**の4銘柄とした。個性豊かなこの組み合わせで、手堅くミドル・リターンを狙いたい。メルカリは長期保有を可とする。

4銘柄の直近株価は、古野電気1211円、メルカリ2750円、システムリサーチ3600円、コムシスホールディングス2799円である。

ポートフォリオのバランスを取るため、古野電気を200株、あとの3銘柄をそれぞれ100株ずつ購入した場合、売買代金は以下のとおりとなる。

■「300万円」の投資比率（最初の購入時の例）

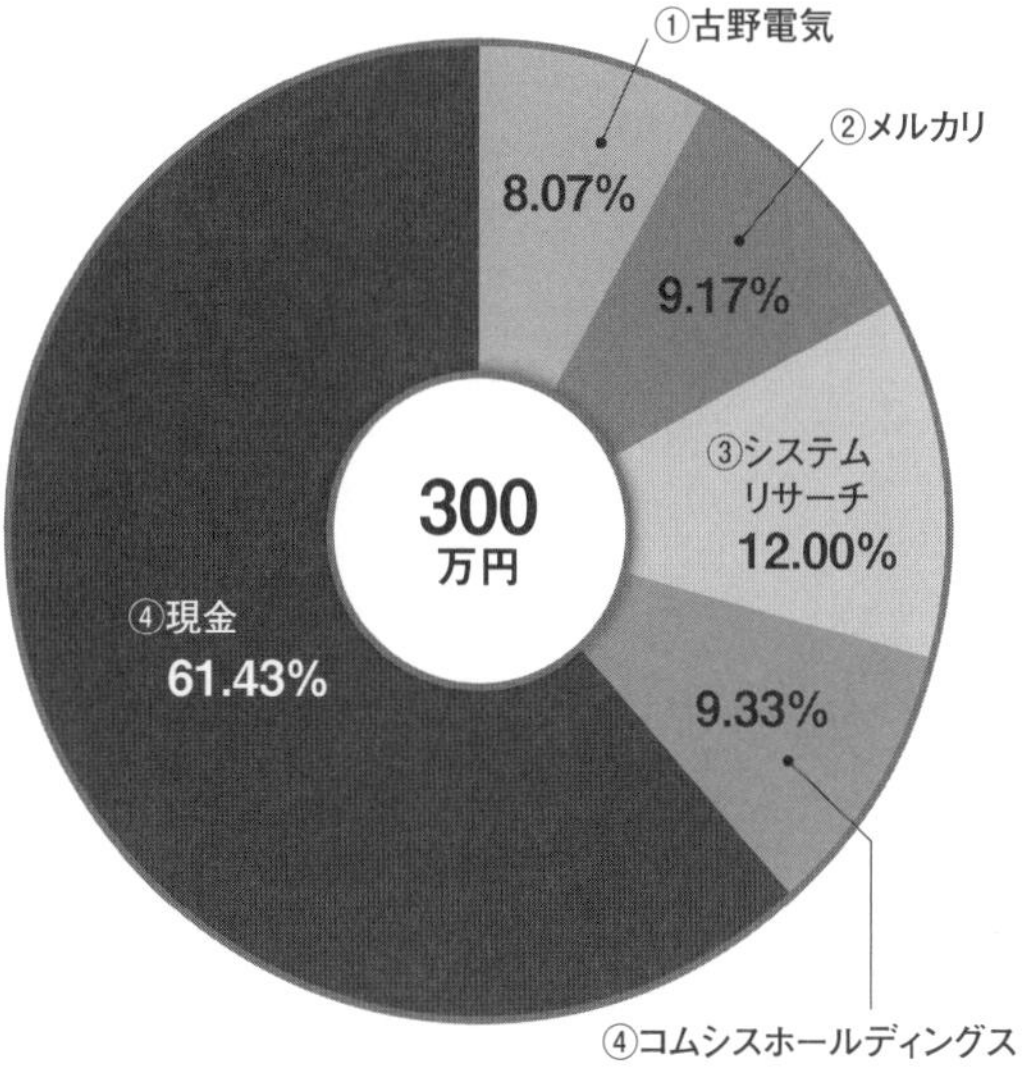

すなわち、古野電気1211円×200株＝24万2200円、メルカリ2750円×100株＝27万5000円、システムリサーチ3600円×100株＝36万円、コムシスホールディングス2799円×100株＝27万9900円。4銘柄合計では、24万2200円＋27万5000円＋36万円＋27万9900円＝115万7100円となる。これは、投資資金300万円の38・57％に相当する。すなわち、このケースだとキャッシュ比率は61・43％となる。

もちろん、この数字はあくまでポートフォリオ上の参考例とするものだ。実際の購入価格は、全体の地合い、それぞれの銘柄の移動平均線などを参考に、タイミングをよく見て判断するべきだと思う。

① 古野電気(6814)
業績大幅上方修正、海外で稼ぐ力を評価!

船舶用電子機器の技術を医療・情報通信分野にも展開

古野電気は、魚群探知機の世界的メーカーだ。魚群探知機、船舶レーダー、電子海図などの船舶用電子機器は、世界シェア約40％を誇る。さらに、土砂崩れなどの検知システム技術を有する。

同社の前身は、１９３８年（昭和13年）、古野清孝が長崎県口之津町（現在の南島原市）に創業した古野電気商会である。

当初は、船舶の電気艤装工事などを請け負っていたが、漁業を近代化したいという気持ちから、魚群探知機の開発に挑む。当時、軍の放出物資であった「音響測深機」を改良し、１９４８年に世界で初めて魚群探知機の実用化に成功する。

◎古野電気(6814)の週足

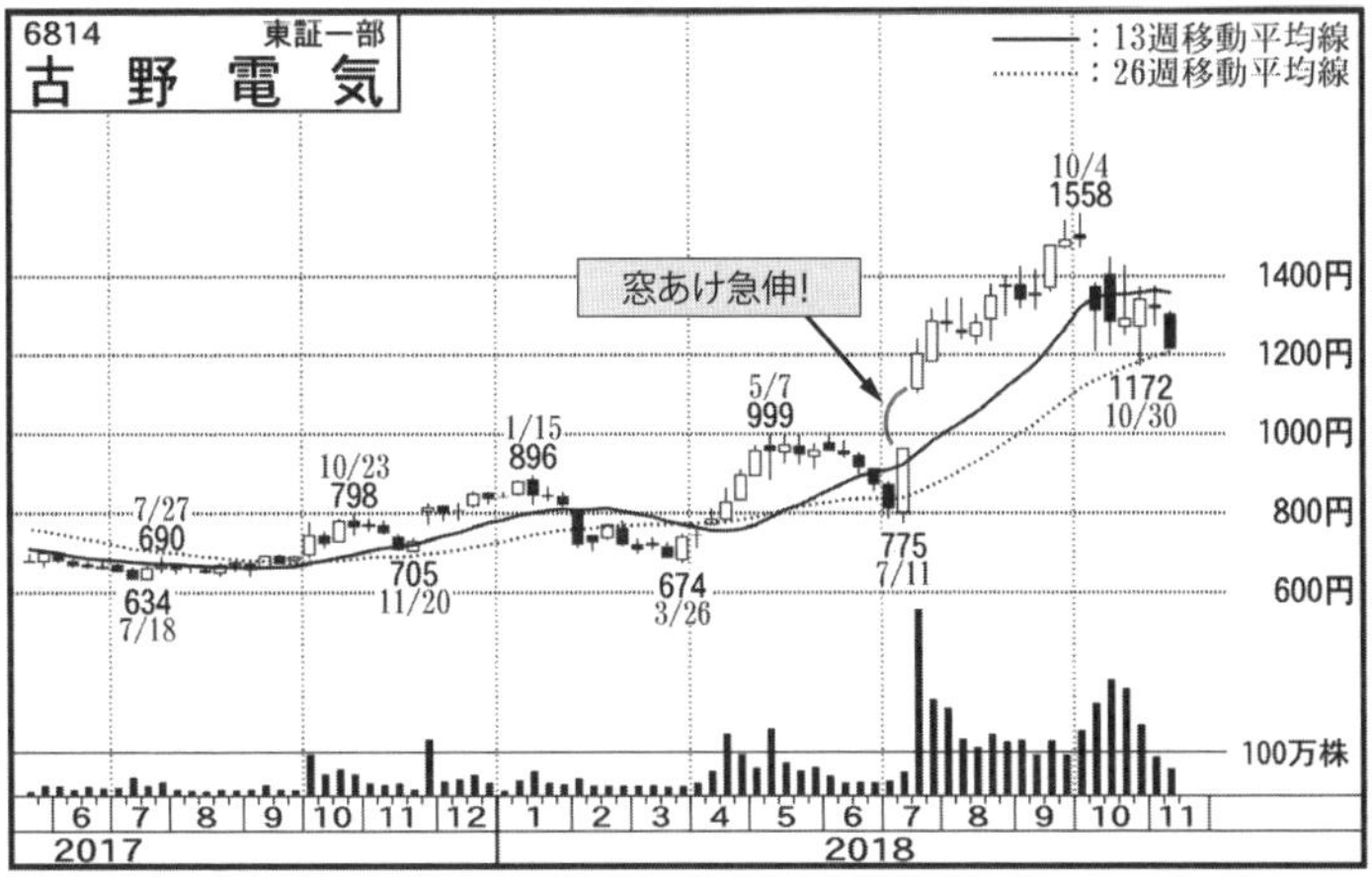

ここに注目!

▶2018 年始値841円(1/4)→安値674円(3/26)

▶2018 年高値1,558円(10/4)→直近株価1,211円

▶第 1 弾目の購入株数＝200 株

▶投資戦略＝直近株価は1,200円がらみ。第 1 弾の買いゾーンは、1,100 ～1,200円前後だろう。長期的には、2007 年の高値1,937円を目指す展開が見込める。

▶目標株価(1 年以内)＝1,558円抜け

そして、1974年、ノルウェーに初めて子会社を設立し、その後、1978年にアメリカ、1979年にイギリスと本格的に海外進出を始めた。まさに、世界の「FURUNO」である。実際、海外売上げ比率60％以上、世界150の国・地域と取引実績がある。さらに、前述したように、最近は防災関連機器を手がけ、高い評価を得ている。技術力の高さが同社の特徴である。

株式を上場したのは、1982年のこと。漁船で培った技術を基盤に、タンカー・客船などの商船、ヨット・クルーザーなどのプレジャーボート市場にも進出し、船舶用電子機器の総合メーカーとして飛躍を遂げている。

繰り返しになるが、注目したいのは、船舶用電子機器で培った技術を医療や情報通信分野へ展開し、事業領域の拡大をはかろうとしている点にある。すでに、これは収益に貢献している。

通期の経常利益20億円予想を第1四半期で上回る

同社は、2月決算銘柄だ。2018年第1四半期（3〜5月）は、経常利益が

■ 古野電気の舶用事業

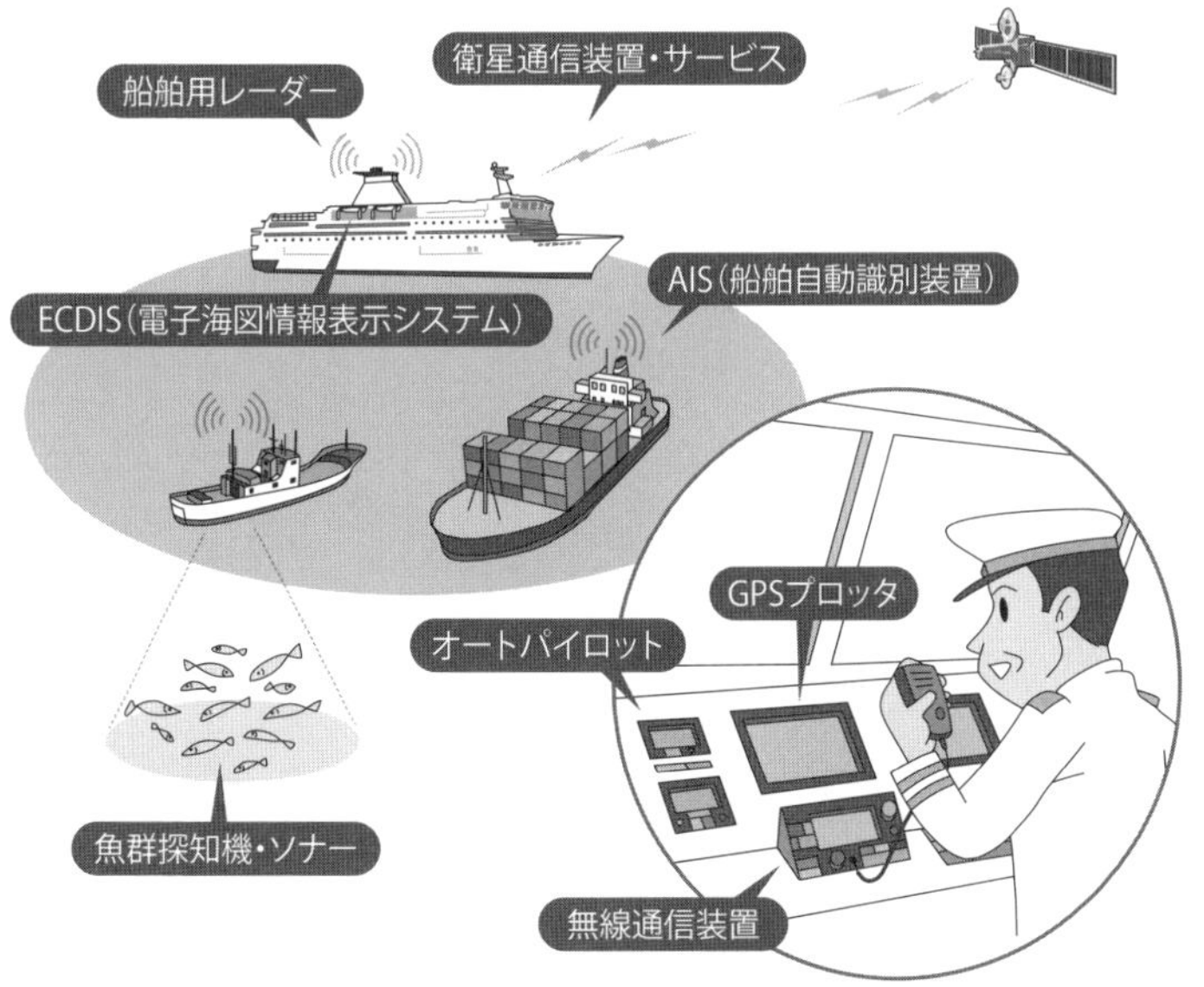

■ 古野電気の業績推移

	2017年2月期	2018年2月期	2019年2月期（予）
売上高	78,674 (▲12.3)	79,050 (+0.5)	82,000 (+3.7)
経常利益	1,458 (▲56.6)	1,857 (+27.4)	5,000 (+169.3)
最終純益	1,262 (▲51.9)	1,236 (▲2.1)	4,000 (+223.6)

（注）単位＝百万円。（　）は前期比。2019年2月期は会社側予想

22億2００万円（前年同期は2億4９００万円）と大幅増益となった。主力の船舶用機器（魚群探知機、電子海図など）が好調という。

当初、２０１９年2月期の経常利益は20億円（前期は18億5７００万円）と予想していた。それが何と、第１四半期で早くも通期予想を上回った（進捗率１１０・1％）。会社側は２０１８年7月に通期の経常利益を40億円に大幅増額、１株利益を95円に修正したが、これはもっと上ブレしそうである。

何しろ、上半期（3～8月）の数字は31億円の予想だったが、結果的に38億５３００円で着地した。２０１９年2月期の1株利益は１３０円に迫ると思う。

株価は、２０１８年10月に１５５８円をつけた。その後は大きく下押ししているが、２００７年11月には１９３７円まで買われており、ＰＥＲ的には9倍前後と買い余地を残している。好決算フィーバーが一巡したこの場面が、仕掛けのタイミングとなろう。配当は17円を実施している。

外国人投資家は海外で稼ぐ企業を高く評価し、実際、ファンドに組み入れている。この流れを見逃してはならない。

②　メルカリ（4385）
アップル、アマゾンの急成長は歴史の教訓！

〝捨てる〟をなくすことが「メルカリ」の使命

メルカリは、日本最大のフリーマーケット・サービス運営会社である。流通を変える企業といわれている。フリーマーケット市場の個人間取引を、スマホのフリマアプリ「メルカリ」で行なうことができる。

品物を購入した際はクレジットカード、コンビニ、銀行ＡＴＭなどで支払い、品物が届いたのち出品者に入金されるシステムを構築した。海外は、イギリス、アメリカに進出している。２０１８年には、共同運用型のシェアサイクルサービス「メルチャリ」も開始した。海外では、ＩＴ企業と評価されている。

２０１３年２月に設立された若い企業だが、資本金は２０１８年６月時点で、

◎メルカリ(4385)の日足

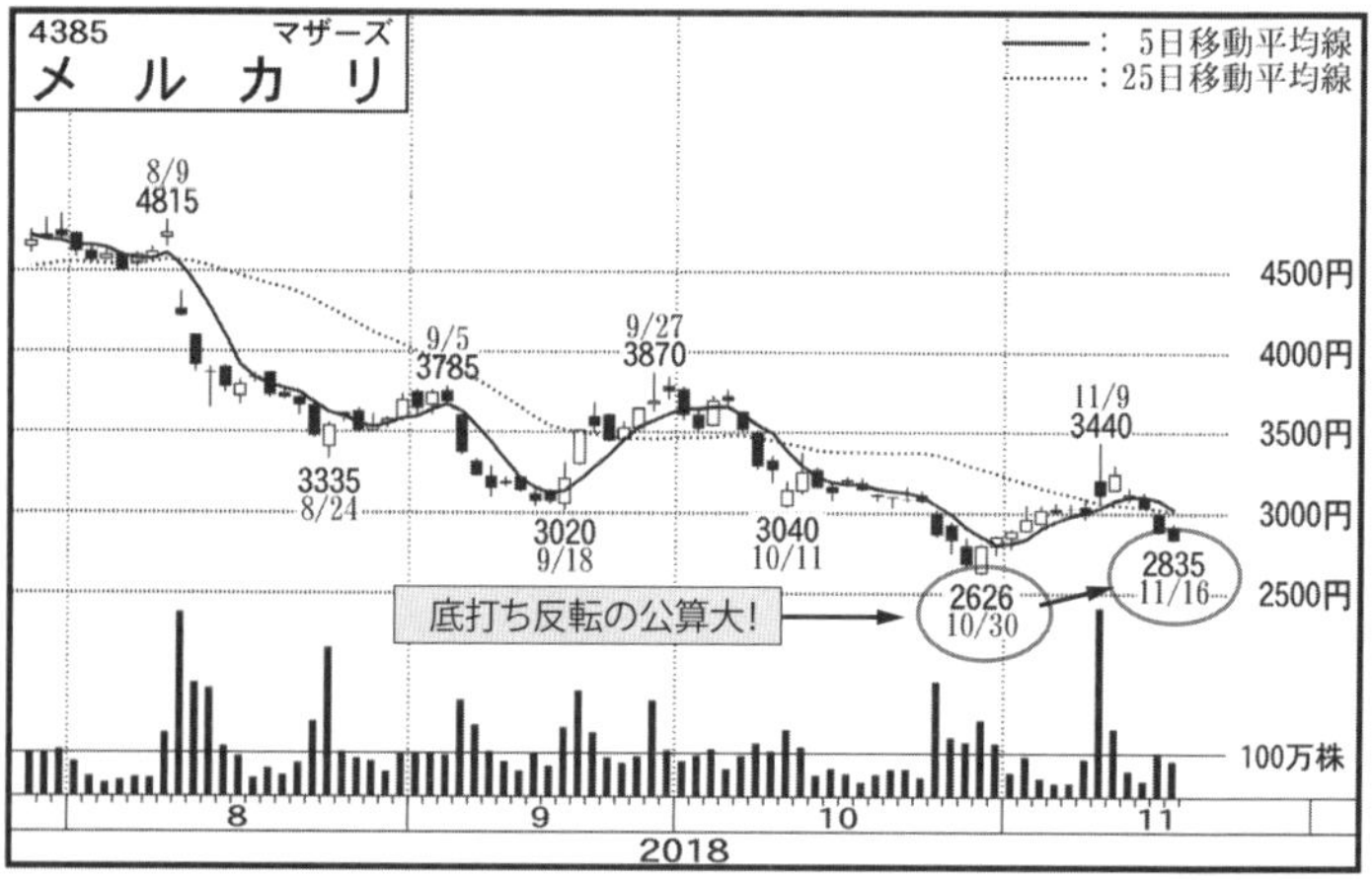

ここに注目!

▶2018年始値5,000円(6/19)→安値2,626円(10/30)

▶2018年高値6,000円(6/19)→直近株価2,750円

▶第1弾目の購入株数＝100株

▶投資戦略＝直近株価は2,800円がらみ。これは25日移動平均線を下回っているが、長期なら仕込みの好機だろう。いずれは、高値と安値の半値戻しの水準が狙える。とにかく、この銘柄には目先的な視点ではなく、長期的な視点が必要である。

▶目標株価(1年以内)＝3,600円近辺

695億円となっている（資本準備金含む）。

ちなみに、メルカリにはラテン語で「商いする」という意味があり、「新たな価値を生みだす世界的なマーケットプレイスを創る」ことが、同社のミッションとされる。すなわち、〝捨てる〟をなくすために、個人間で簡単かつ安全にモノを売買できるフリマアプリ「メルカリ」を展開することが、同社の任務であり使命なのだ。購買者は売るときの値段を見て、購入の可否を判断する。

世の中には多くの品物があふれているが、その大半は捨てられる運命にある。しかし、あきられ、簡単に捨てられてしまう品物も、どこかの誰かにとっては価値を持つのではないか。そして、「捨てる」という行為は、地球資源の無駄使いなのではないか。これが、同社の底流にある基本的な考え方である。

2020年6月期は黒字転換が有望

同社は、2018年6月19日に上場した。この日は、初値5000円に対し6000円の高値をつけ、5300円で引けている。それが10月30日には2626円の安値まで売り込まれた。赤字決算が続いていることをイヤ気したのだ。しかし、こんな近視眼的な見方では判断を誤る。

株価チャート的には、高値6000円と安値2626円の3分の1戻しは3751円→半値戻しは4313円→3分の2戻しは4875円となる。直近株価は2800円がらみ。投資期間が1年あれば、半値戻し程度は十分期待できるだろう。

NY市場の時価総額ランキングの上位5社はアップル、アマゾン、アルファベット、マイクロソフト、フェイスブックだ。今でこそ高収益だが、当初は赤字、PER的には割高といわれてきた。そこが絶好の買い場だったのは改めて述べるまでもなかろう。

さて、当のメルカリだが、足元は先行投資負担があっての赤字だ。しかし、次の流通革命の〝核〟になり得る。2020年6月期は黒字転換、1株利益は70～80円を確保できるだろう。2018年は100人を採用したが、うち30人はインド人（IT技術者）だった。この人たちが将来の戦力となる。

何しろ、日本のスマホ人口の1割が「メルカリ」を毎月利用している、という。アクティブユーザーは、1000万人を超える。

③ システムリサーチ（3771）
ＩｏＴ、スマート化の進展に乗る好業績企業

CASE関連は〝新〟成長株の宝庫

繰り返しになるが、第4次産業革命のキーワードは、CAMBRICといわれている。なかでも、M（モビリティ→移動手段）の未来はCASEにあると形容される。ここは〝新〟成長株の宝庫である。ちなみに、Cはコネクテッド（つなぐ）、Aはオートマチック（自動運転）、Sはシェアとサービス、Eはエレクトロニクス（電動化）だ。特に、ビジネス的にはAとEが重要だろう。

このため、車載用電子部品の需要はうなぎのぼりだ。この結果、半導体のシリコンサイクル（需要の山と谷）は「崩れた」との声が上がるほど。需要は右肩上がりで伸びる、といわれている。

◎システムリサーチ（3771）の週足

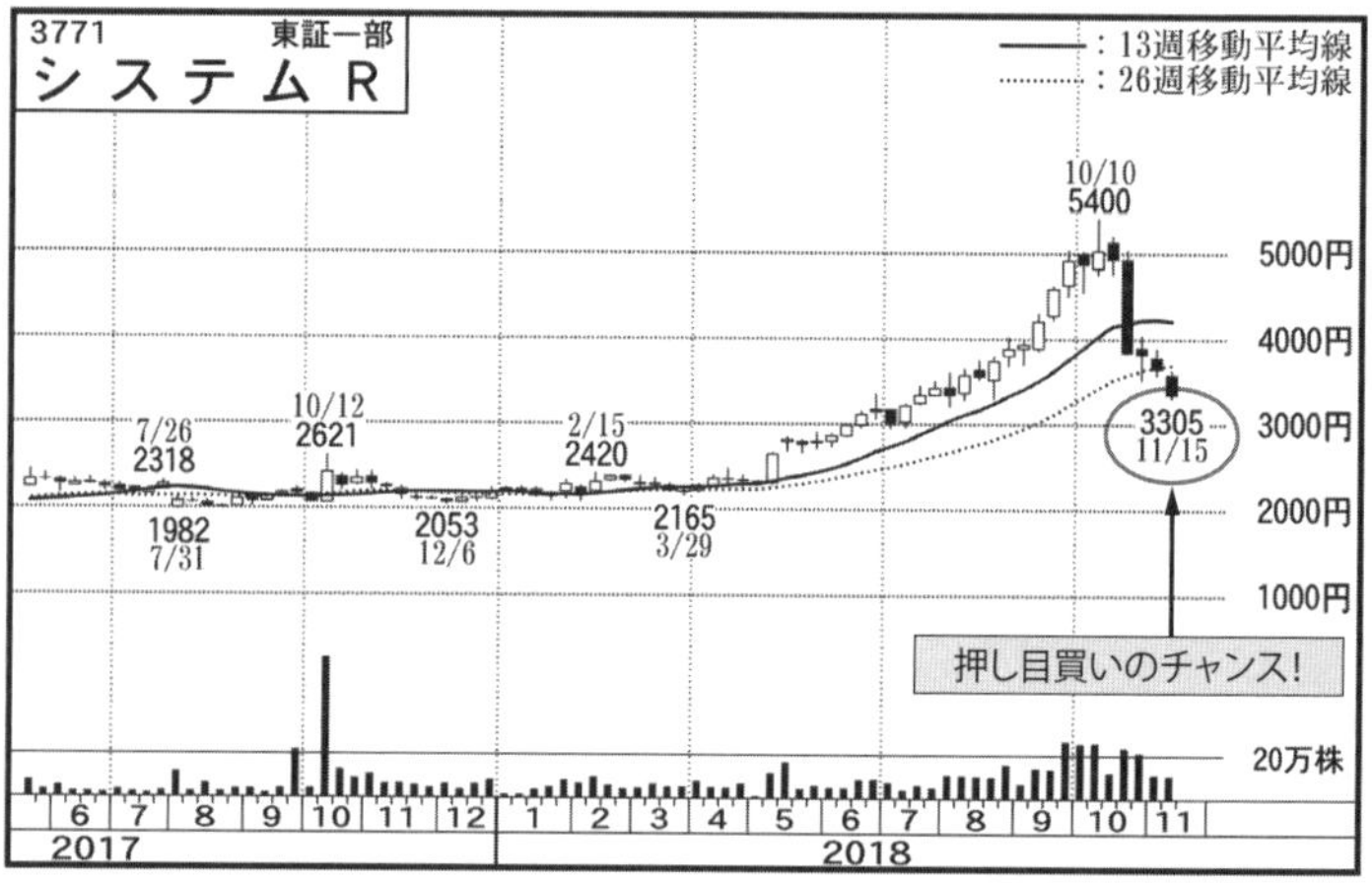

ここに注目！

▶2018年始値2,215円（1/4）→安値2,091円（2/6）

▶2018年高値5,400円（10/10）→直近株価3,600円

▶第1弾目の購入株数＝100株

▶投資戦略＝直近株価は3,600円がらみ。当面の下値メドは3,000円がらみ。時価のPERは、16～17倍と出遅れ。全般相場の落ち着きとともに、ジリ高となろう。

▶目標株価（1年以内）＝5,400円近辺

自動運転には、センサー（スキャンＬｉＤＡＲ）を大量に使う。さらに、Ｃのコネクテッドには IｏT、スマート化が求められている。すなわち、新たなシステム（組み込みソフト）開発が不可欠となる。

トヨタ自動車は、グループの総力を挙げて自動運転、電気自動車の実用化に取り組んでいる。自動運転では、外販のための新会社を設立している。ＥＶ用電池では、**パナソニック（６７５２）**と連携し、全固体電池の開発を急いでいる。やはり、新会社を設立済みだ。

これらの新会社には、デンソーなど主力グループ企業が参加している。外部の中堅企業との連携も急ピッチだ。**ＡＬＢＥＲＴ（３９０６）**、**大泉製作所（６６１８）**、**ＰＫＳＨＡ Ｔｅｃｈｎｏｌｏｇｙ（３９９３）**、**モルフォ（３６５３）**、**アイサンテクノロジー（４６６７）**などが好例だろう。

トヨタグループ向けが売上高の4割、最高益の更新続く

システムリサーチは、名古屋地盤の独立系システム開発会社である。製造業を中心と

■ システムリサーチの事業系統図

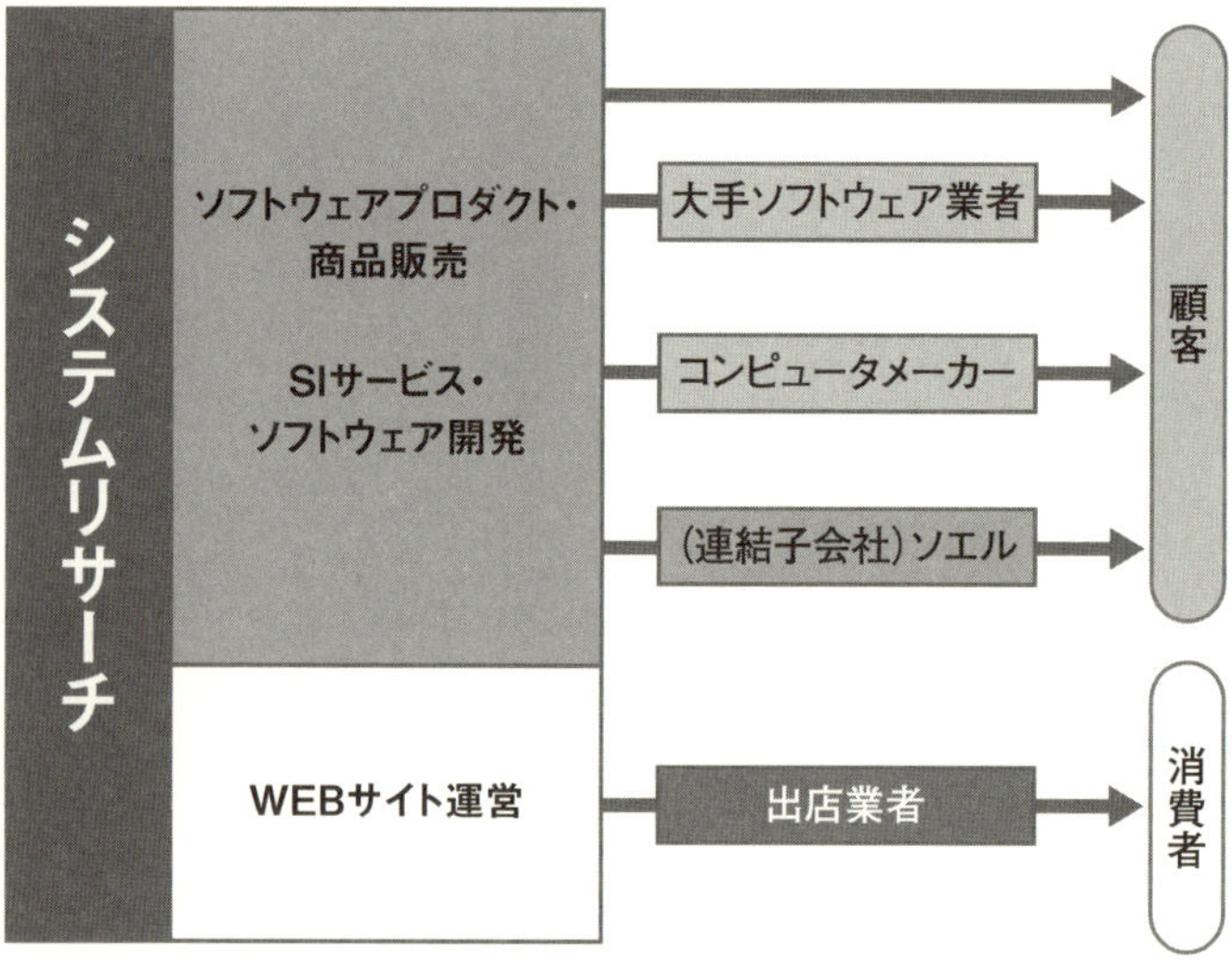

■ システムリサーチの業績推移

	2017年3月期	2018年3月期	2019年3月期(予)
売上高	11,539 (+10.3)	12,716 (+10.2)	13,661 (+7.4)
経常利益	924 (+9.1)	988 (+6.9)	1,264 (+27.9)
最終純益	641 (+14.1)	666 (+3.9)	847 (+27.1)

(注) 単位=百万円。(　)は前期比。2019年3月期は会社側予想

した企業用の情報システムの構築、保守・運用をメインビジネスとする。トヨタグループ向けが売上高の4割を占める。

今後、ＣＡＳＥに対応した各社の旺盛な情報システム投資のメリットをフルに受けるだろう。足元の業績は好調だ。このところ、最高益を更新している。２０１９年３月期の売上高は前期比７・４％増の１３６億６１００万円、最終純益が27・１％増もの８億４７００万円の予想だ。１株利益は２０１８年３月期が２０３円、２０１９年３月期が２３０円前後となろう。

配当について、２０１８年３月期は「50円を据え置く」（会社側）と公表しているが、アナリスト・コンセンサスは「50〜60円」と見ている。この収益力と20％超の収益を考えると、増配はあながち無理な要求ではないと思う。

株価は、２０１８年春以降、力強い上昇波動を描いた。10月10日には、５４００円まで買われている。もちろん、上場来高値の更新である。しかし、その後は全般相場の急落を受け、同社株も11月21日に３２３５円の安値をつけた。これは高値の60％水準であり、絶好の押し目と判断できる。

④

コムシスホールディングス（1721）

5Gを含め好材料目白押しで、上場来高値を更新中

地域ブランド企業3社と経営統合

コムシスホールディングスは、通信設備工事の最大手企業である。電気通信工事の通信インフラ整備を軸としているが、土木工事、上下水道工事など社会インフラ整備をトータルで受注できる体制を整えている。

2018年10月、同社は地域ブランド企業であるNDS（愛知県）、SYSKEN（熊本県）、北陸電話工事（石川県）の3社と経営統合した。これにより、事業の全国展開が一段と強化され、グループ各社の総合力を発揮できる体制となった。5Gなどの本格普及を前に、体制を固めたのだろう。

事業別売上構成比（2018年3月期）は、NTT設備事業が48・9%、社会システ

◎コムシスホールディングス（1721）の週足

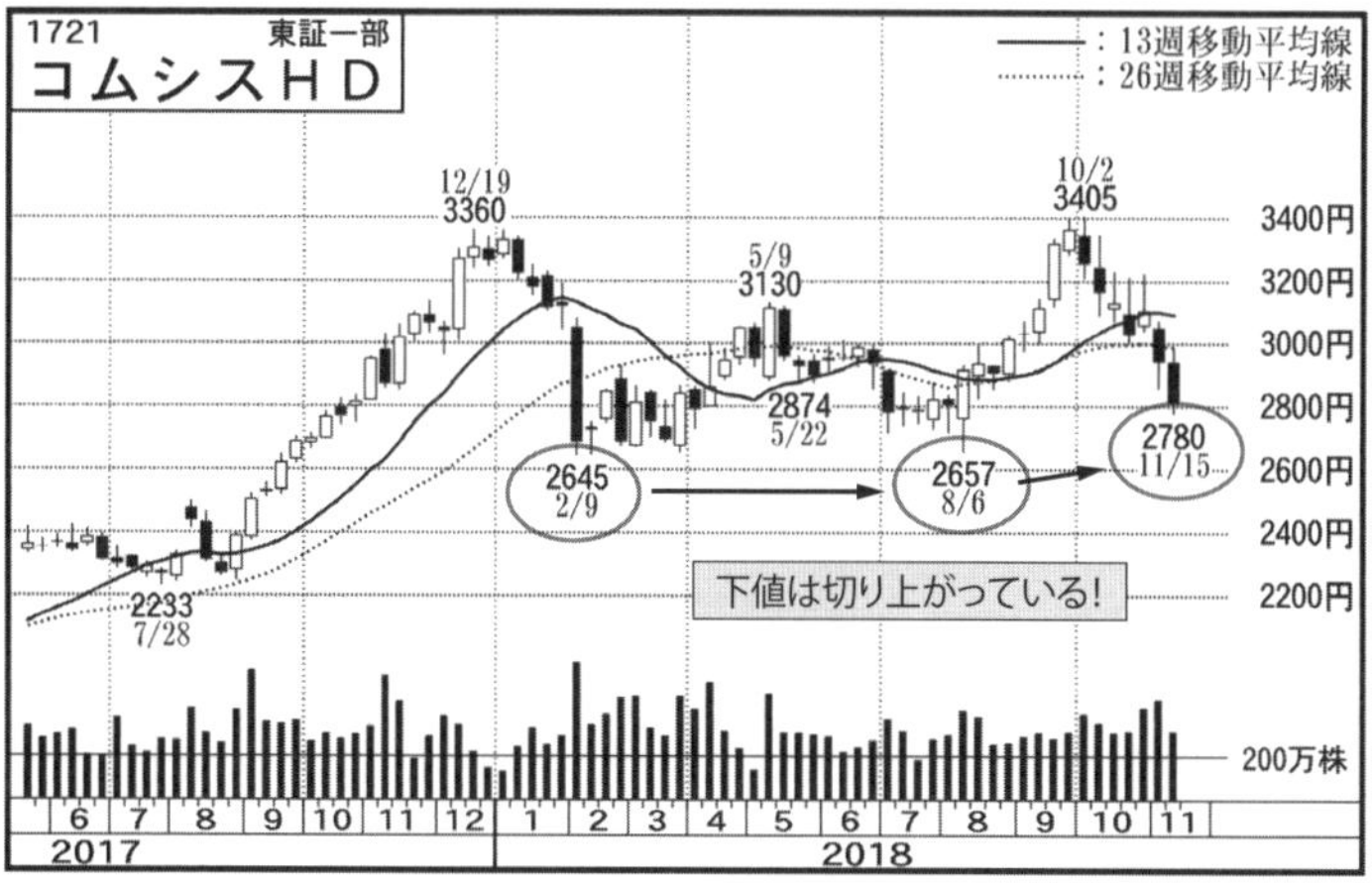

ここに注目!

▶2018 年始値3,285円（1/4）→安値2,645円（2/9）

▶2018 年高値3,405円（10/2）→直近株価2,799円

▶第１弾目の購入株数＝100 株

▶投資戦略＝直近株価は2,800円がらみ。第１弾の買いゾーンは、2,700 ～2,800 円前後だろう。とりあえず、下値模索の展開である。安いところを着実に仕込むのがベストシナリオだ。

▶目標株価（１年以内）＝3,405円抜け

ム関連事業等26・1％、ＩＴソリューション事業15・6％、ＮＣＣ設備事業9・4％となっている。なお、ＮＣＣ設備事業とは、ＮＴＴグループ以外の電気通信事業者向け電気通信設備工事を指す言葉だ。今後、事業の柱になろう。

同社のモバイル関連工事は、２０１９年以降、拡大に向かうと見られている。その１つは、データ通信量の増大に伴う4Ｇ通信追加関連工事、もう１つは**楽天（４７５５）**の新規参入に伴う工事である。

さらに、２０００年以降は話題の5Ｇ関連の投資も始まる見込みである。5Ｇに対応し、ＩｏＴ機器の普及に伴う基地局工事も増加すると予測されている。

5Ｇ関連工事の業績貢献は、２０２１年3月期以降と見られているが、前倒しされる期待も高まっている。すでに、半導体業界では受注が増え始めているという。

携帯キャリアのサービス競争激化も業績を後押し

２０１８年3月期は、豊富な繰越工事による施工効率の向上に加え、生産性向上により経常利益３０７億円、最終純益２０３億円と3年ぶりに過去最高益となった。２０１９

■ コムシスホールディングスの事業領域

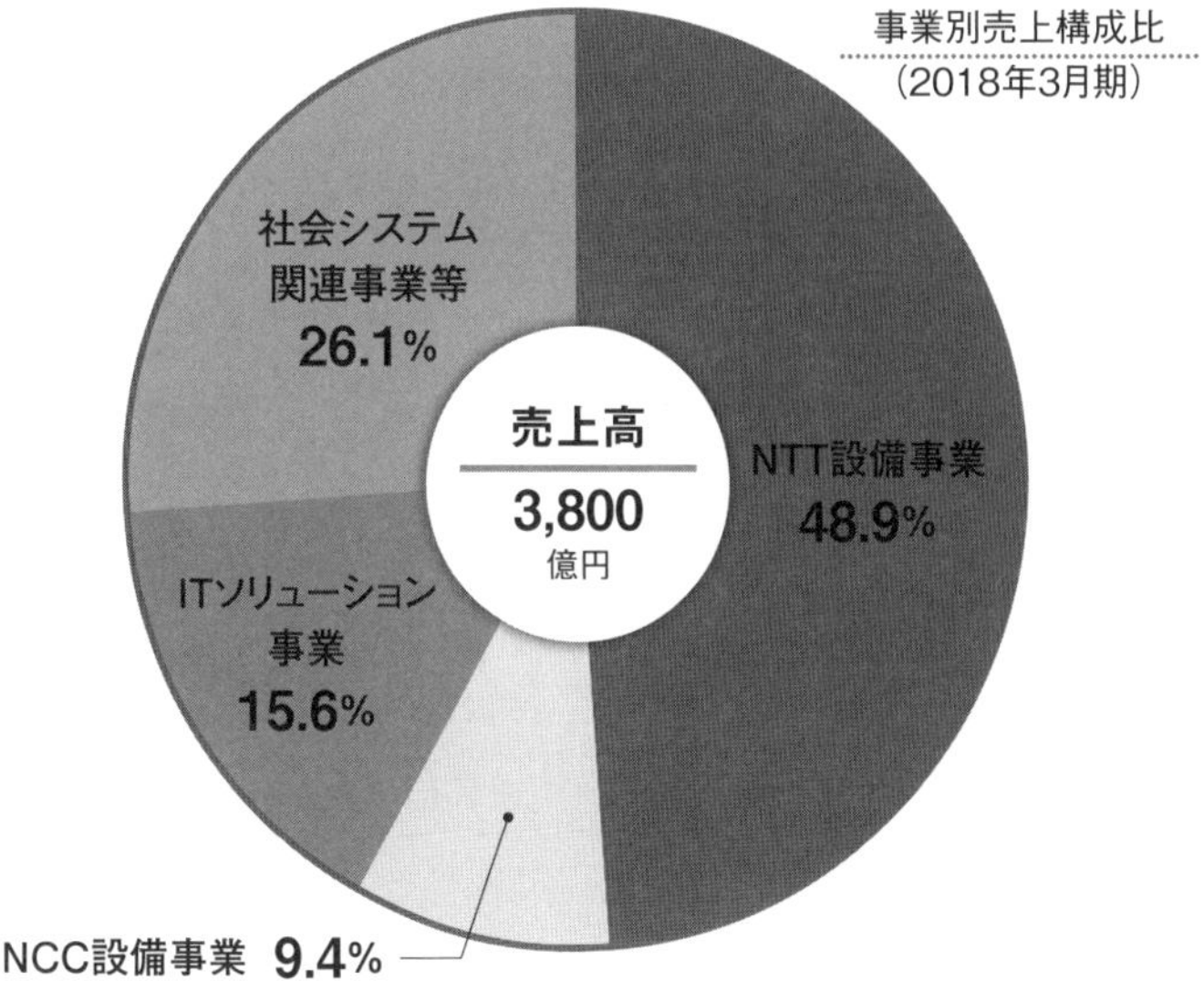

■ コムシスホールディングスの業績推移

	2017年3月期	2018年3月期	2019年3月期(予)
売上高	334,163 (+4.2)	380,024 (+13.7)	470,000 (+23.7)
経常利益	25,341 (+4.6)	30,706 (+21.2)	34,500 (+12.3)
最終純益	14,485 (▲6.1)	20,390 (+40.8)	27,000 (+32.4)

(注) 単位=百万円。(　)は前期比。2019年3月期は会社側予想

年3月期の第1四半期（4〜6月）は、受注高が前年同期比23％増の977億円、営業利益が16％増の40億円と好調な滑り出しを見せている。その後、通期予想は大幅に上方修正されている。大手証券では、2019年3月期の営業利益を前期比23％増の372億円と予想。これは、会社計画の320億円を16％強上回る数字だ。

同社を取り巻く事業環境はすこぶる明るい。携帯キャリア事業者間のサービス競争が激化し、コンテンツなどの付加価値サービスが拡大している。これに対応するため、モバイルネットワークの高度化が進行中だ。また、国土強靭化、再生可能エネルギー、東京オリンピック・パラリンピックの開催に向けた社会インフラ投資も伸びている。

同社では、スマート社会に向けた新たな事業領域にチャレンジし、M&Aなども積極化させるとしている。2019年3月期の配当については10円増配し、60円（中間30円、期末30円）とする。これに加え、総額50億円を上限とした自己株式の取得を実施することもすでに発表されている。

株価は、2018年10月2日に3405円をつけ、上場来高値を更新した。しかし、その後は調整途上にある。

第6章

富を生む〝杉村流〟投資資金「500万円」ポートフォリオ

長期用は、「エコモット」「エクスモーション」「FIG」「HOYA」「愛知製鋼」でハイリターンを狙う

"新"成長株2銘柄と主力3銘柄の組み合わせ

投資資金「500万円」、投資期間2年（長期）用のポートフォリオは、①**エコモット（3987）**、②**エクスモーション（4394）**、③**FIG（4392）**、④**HOYA（7741）**、⑤**愛知製鋼（5482）**の5銘柄を選んだ。高いパフォーマンスが期待できる"新"成長株3銘柄と、着実性のある主力2銘柄の組み合わせである。

この5銘柄を直近株価で100株ずつ購入したとすると、売買代金はエコモットが1091円×100株＝10万9100円、エクスモーション4265円×100円＝42万6500円、FIG385円×100株＝3万8500円となる。

さらに、HOYAは6813円×100株＝68万1300円、愛知製鋼3975円×

１００株＝39万７５００円である。
ポートフォリオのバランス上、エコモットの最初の買いを３００株にすると、１０９１円×３００株＝32万７３００円。そして、ＦＩＧの第1弾目の買いを１０００株にすると、３８５円×１０００株＝38万５０００円。すなわち、５銘柄の合計金額は２２１万７６００円となる。

投資資金５００万円に対し、それぞれの投資比率はエコモット６・54％、エクスモーション８・63％、ＦＩＧ７・70％、ＨＯＹＡ13・13％、愛知製鋼７・95％となる。この場合のキャッシュ比率は、55・65％（残高２７８万２４００円）であり、これが追加投資を行なう際の軍資金となる。

■「500万円」の投資比率（最初の購入時の例）

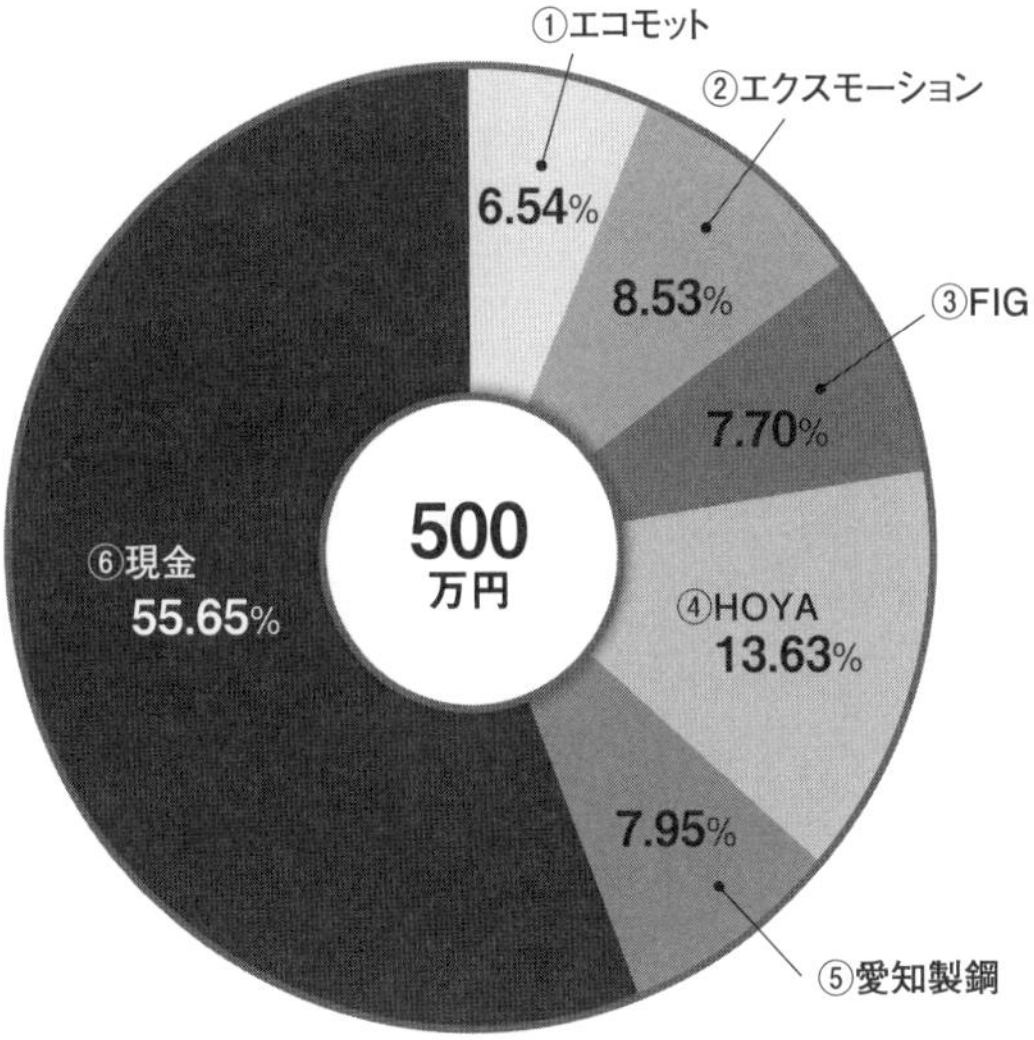

① エコモット（3987）
防災ソリューション、遠隔監視の将来性有望！

災害列島ニッポンには国土強靭化、防災対策が不可欠

古来、「地震、カミナリ、火事、オヤジ」という。怖いものの代名詞だ。しかし、なぜ、ここにオヤジが入っているのだろうか。確かに、昔のオヤジは恐ろしい存在だった。とはいえ、地震、カミナリ、火事と同列に扱うには無理がある。

実は、これは大嵐（台風）だったという説がある。「おおあらし」では語呂が悪いため、いつの間にか、オヤジになったらしい。それはともかく、最近はこれに猛暑、集中豪雨を加える必要があろう。

2018年は猛暑、集中豪雨、台風、地震などの自然災害が多発、大きな災害が出た。まさに、災害列島である。

◎エコモット（3987）の日足

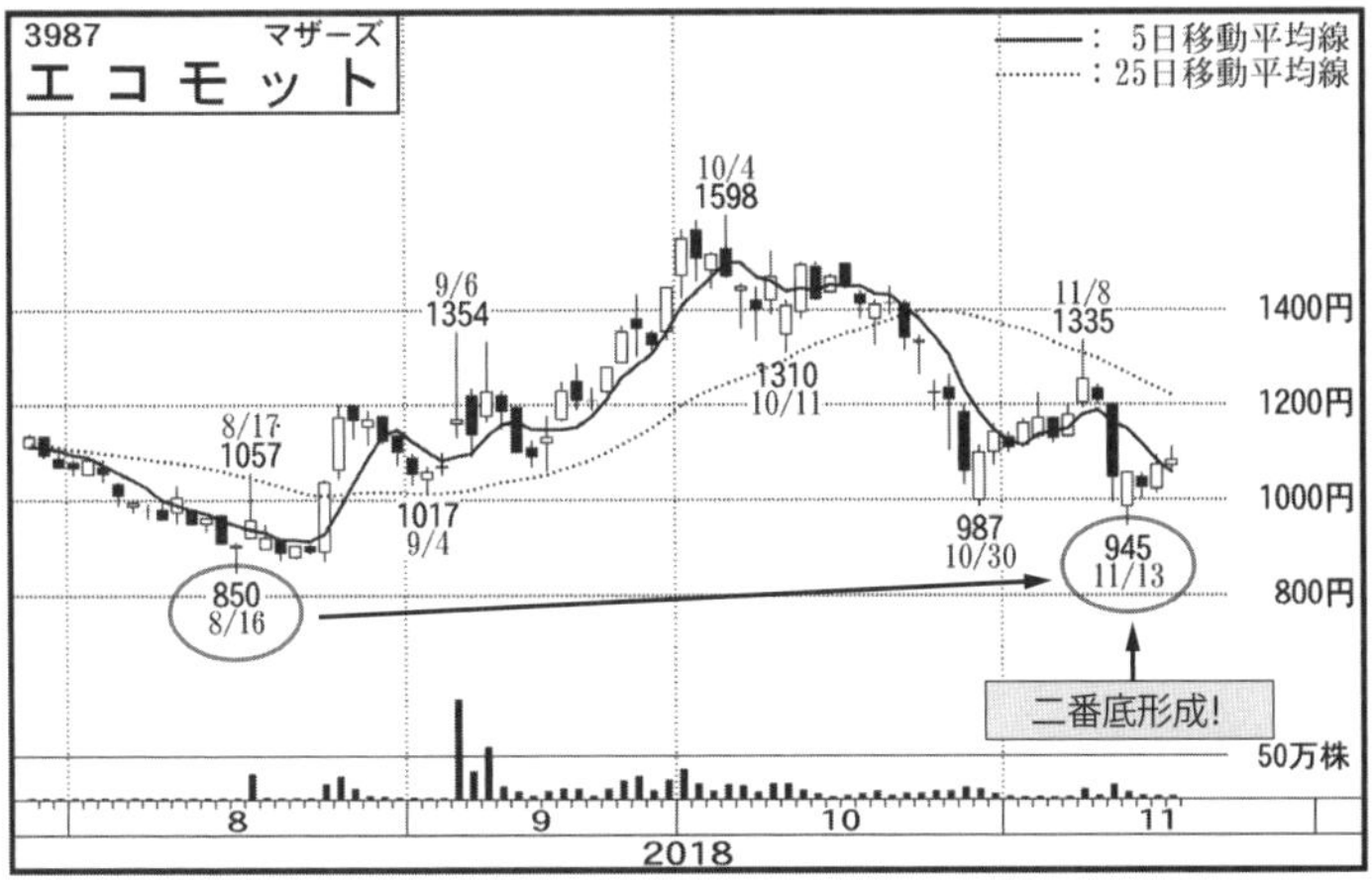

ここに注目!

▶2018 年始値1,101円（6/22）→安値850円（8/16）

▶2018 年高値1,598円（10/4）→直近株価1,091円

▶第 1 弾目の購入株数＝300 株

▶投資戦略＝直近株価は1,100 円がらみと安値圏にあるが、PER 的には割高だ。ただ、下値不安は乏しい。2019 年の初めには、補正予算が成立する。テーマ性もあり、下値をコツコツ仕込んで、噴き上げを待ちたい。

▶目標株価（２年以内）＝1,600円前後

やはり、国土強靭化、防災対策が不可欠だろう。２０１８年10月24日に召集された臨時国会では、補正予算案の審議が行われた。被災地の復興予算とともに、災害を予知するシステムづくりが必要だろう。

東証マザーズ新規上場をきっかけに営業力強化中

エコモットは、先の章で取り上げた**古野電気（６８１４）**、**コムシスホールディングス（１７２１）**などと協業、防災ソリューションに注力している。具体的には、国土交通省観測基準対応の危機管理型水位計パッケージの開発などだ。すでに、九州北部豪雨に対する防災ソリューションの大口受注に成功している。

その商品名は「ミルモットＲＥＣ」だ。ソーラー、バッテリーの併用によって24時間、３６５日の運用、赤外線照射機能により夜間帯（光源がない状態）でも、鮮明な画像録画が可能という。

さらに、ＩｏＴ、クラウドの機能を生かし、どこからでも閲覧可能だ。いわゆる、遠隔監視である。このほか、ＡＩ（人工知能）、自動変位計測装置を使った路面劣化診

■ エコモットの業績推移

	2017年3月期	2018年3月期	2019年3月期（予）
売上高	1,371 (+85.8)	1,625 (+18.5)	1,924 (+18.4)
経常利益	93 (+745.4)	115 (+23.7)	120 (+4.3)
最終純益	66 (+1000.0)	79 (+19.7)	82 (+3.8)

（注）単位＝百万円。（　）は前期比。2019年3月期は会社側予想

断装置、河川増水、土石流検知などの製品群を有する。

足元の業績は堅調だが、収益的にはまだ低水準だ。それでも、1株利益は2019年3月期が18円、2020年3月期が20円と予想されている。

今後は、東証マザーズ上場（2018年6月22日）の知名度を生かし、営業攻勢をかける。実際、営業員を大幅に増員している。

直近株価は1100円がらみ。2018年の10月4日には、1598円まで急騰している。これに加え、PERは64倍と高い。しかし、テーマ性と将来性を考えると、この水準はじっくり狙える。

② エクスモーション（4394）
SBIホールディングスの孫会社で〝毛並み〟も良好！

ソフトウェア開発の技術参謀、自動車業界向けが伸びる

〝小物〟の銘柄選定に際し、筆者は〝毛並み〟を重視する。別に、人間的な氏・素性にこだわっているわけではない。創業間もない企業は、投資期間が長いだけに、経営リスクに細心の注意を払う。

エクスモーションの筆頭株主は、東証1部上場の**ソルクシーズ（4284）**だ。2018年7月26日の上場時には、何と同社が発行済み株式数の85・7％を保有していた。直近の持ち株比率は、64％に低下している。とはいえ、ガチガチの子会社である。

さらに、ソルクシーズの親会社は、**SBIホールディングス（8473）**だ。したがって、エクスモーションは、SBIホールディングスの孫会社ということになる。確

◎エクスモーション（4394）の日足

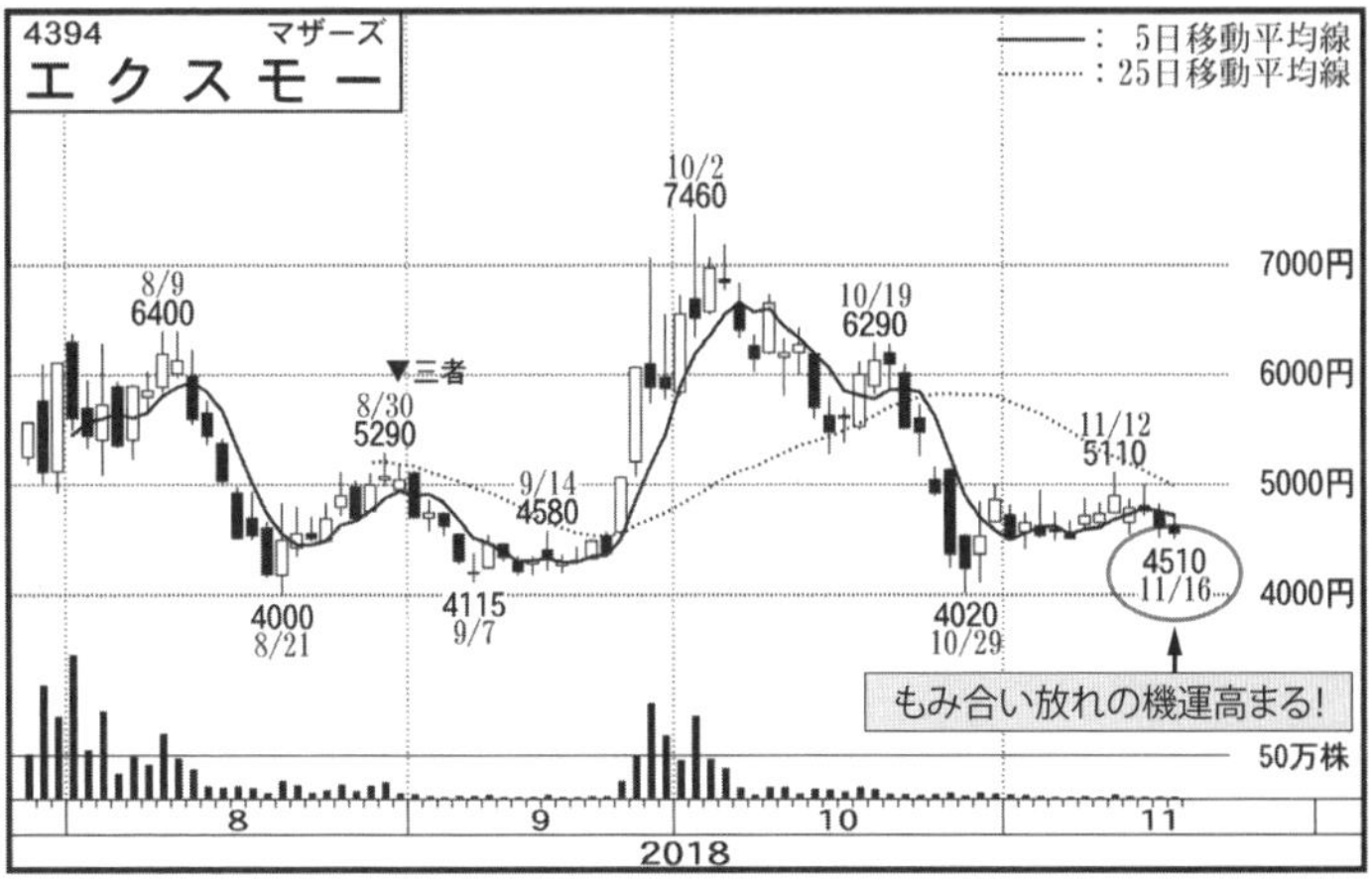

ここに注目!

▶2018 年始値5,000円（7/26）→安値4,000円（8/21）

▶2018 年高値7,460円（10/2）→直近株価4,265円

▶第 1 弾目の購入株数＝100 株

▶投資戦略＝直近株価は、上場初値を700 円程度下回っている。当面は安値圏での一進一退が予想されるが、時間の経過とともに、もみ合い放れの公算が高まろう。仕込んだあとは、大崩れがない限り長期持続だろう。ただし、目標株価に到達すれば、いったん利食いも可と判断する。

▶目標株価（ 2 年以内）＝8,800円近辺

かに、〝毛並み〟は良好だ。その結果、経営リスクは乏しいとの結論に達する。

一方、成長性はどうか。メインビジネスは、組み込みソフトの品質改善に特化したコンサルだ。主力ユーザーは、自動車業界となっている。

先にも触れたが、自動車業界は現在、ＣＡＳＥに代表されるように、Ａ（自動運転車）、Ｅ（電気自動車）の開発にしのぎを削っている。同社は、そのソフトウェア開発に不可欠な「技術参謀」といえるだろう。

業績好調、株価も上場初値の5割高まで上昇

現在、第４次産業革命の進展とともに、組み込みソフトの需要は増加の一途にある。そして、大規模化、複雑化が加速している。これを解決するのが設計技術だが、現状ではソフトウェアのエンジニアリングに精通する技術者が極端に不足しているという。

これを解決するのが、設計技術に特化した「技術参謀」のエクスモーションだ。この技術は自動運転だけではない。先進運転支援（ＡＤＡＳ）、ハイブリッド（ＨＥＶ）、電気自動車（ＥＶ）、燃料電池車（ＦＣＶ）など幅広い分野に使われる。

■ エクスモーションの事業と売上高の推移

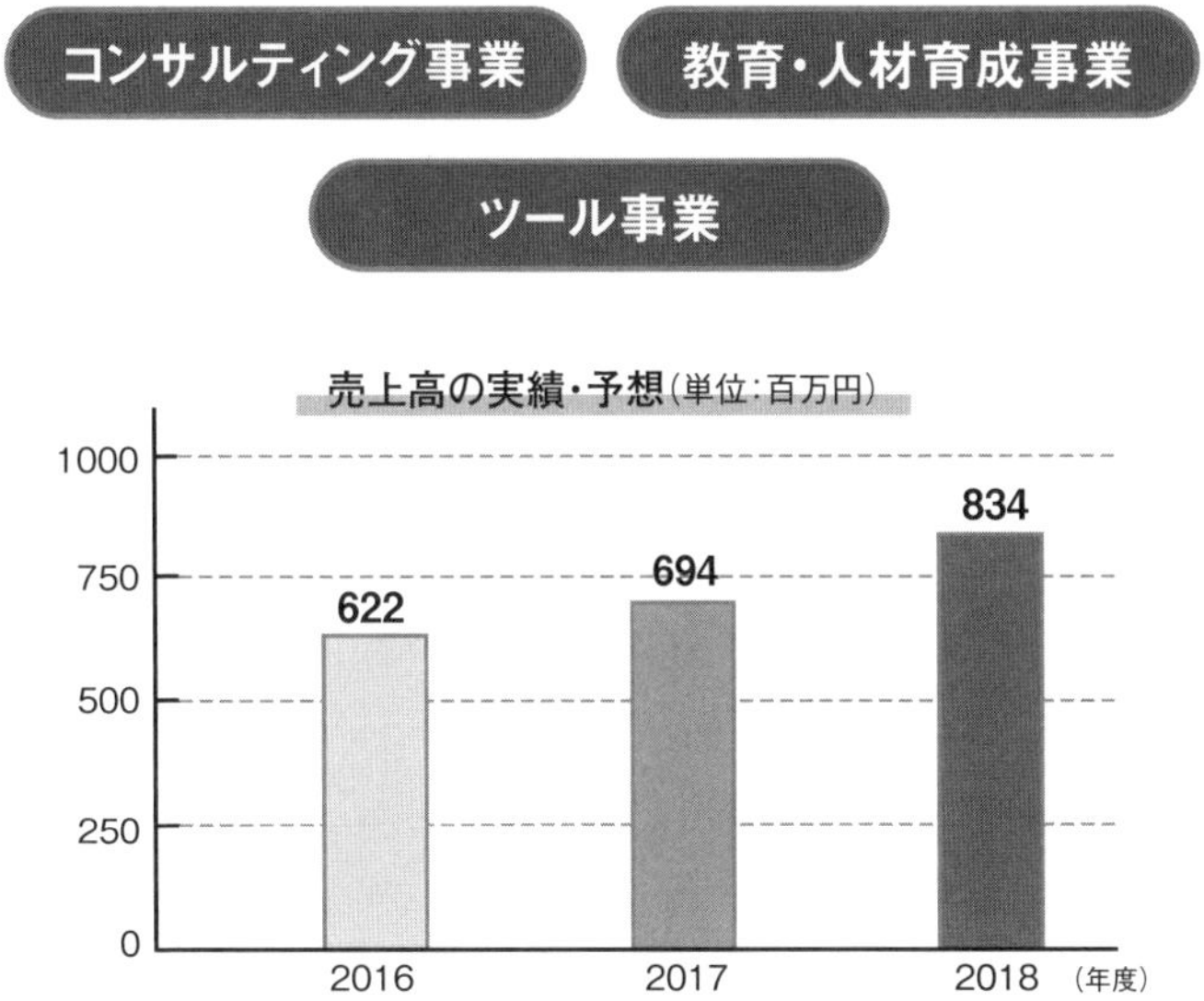

業績は好調だ。２０１８年11月期の売上高は、前期比20・２％増の８億３４００万円、経常利益は16・０％増の１億４５００万円、１株利益は90円となろう。

株価は、２０１８年の10月２日に、７４６０円と高値を更新した。これは、上場初値（７月26日）の５０００円に対し、49・２％高の水準だ。直近は再度、安値近辺にあるが、８月９日の６４００円→８月21日の４０００円の倍返し（２４００円×２＝４８００円）だと、８８００円（４０００円＋４８００円）を目標値にできる。

③ FIG（4392）モバイルクリエイト、石井工作研究所のシナジー効果に期待

外部環境の影響を受けにくい銘柄を徹底的に攻めよ

古来、「材料は、あとから貨物列車に乗ってやって来る」という。当たり前の話だが、株価が下がると、悪材料が続出する。株価が上がると、逆のパターンになる。

株式市場では、それ（好材料・悪材料）をこと細かく解説する人がいる。チャーチスト、アナリスト、ストラテジストなどだ。しかし、所詮、後講釈にすぎない。目先の上げ下げに一喜一憂していてはダメだ。問題は、トレンド（方向）をどう読むか、にある。

筆者は、昨今の相場はインデックス（トピックスなどの指数）ほど弱くない、と考えている。株価の乱高下は、投機筋（ヘッジファンド）の暗躍によるものだ。東証1部のカラ売り比率は、2018年10月23日に5割を超えた。

◎FIG（4392）の日足

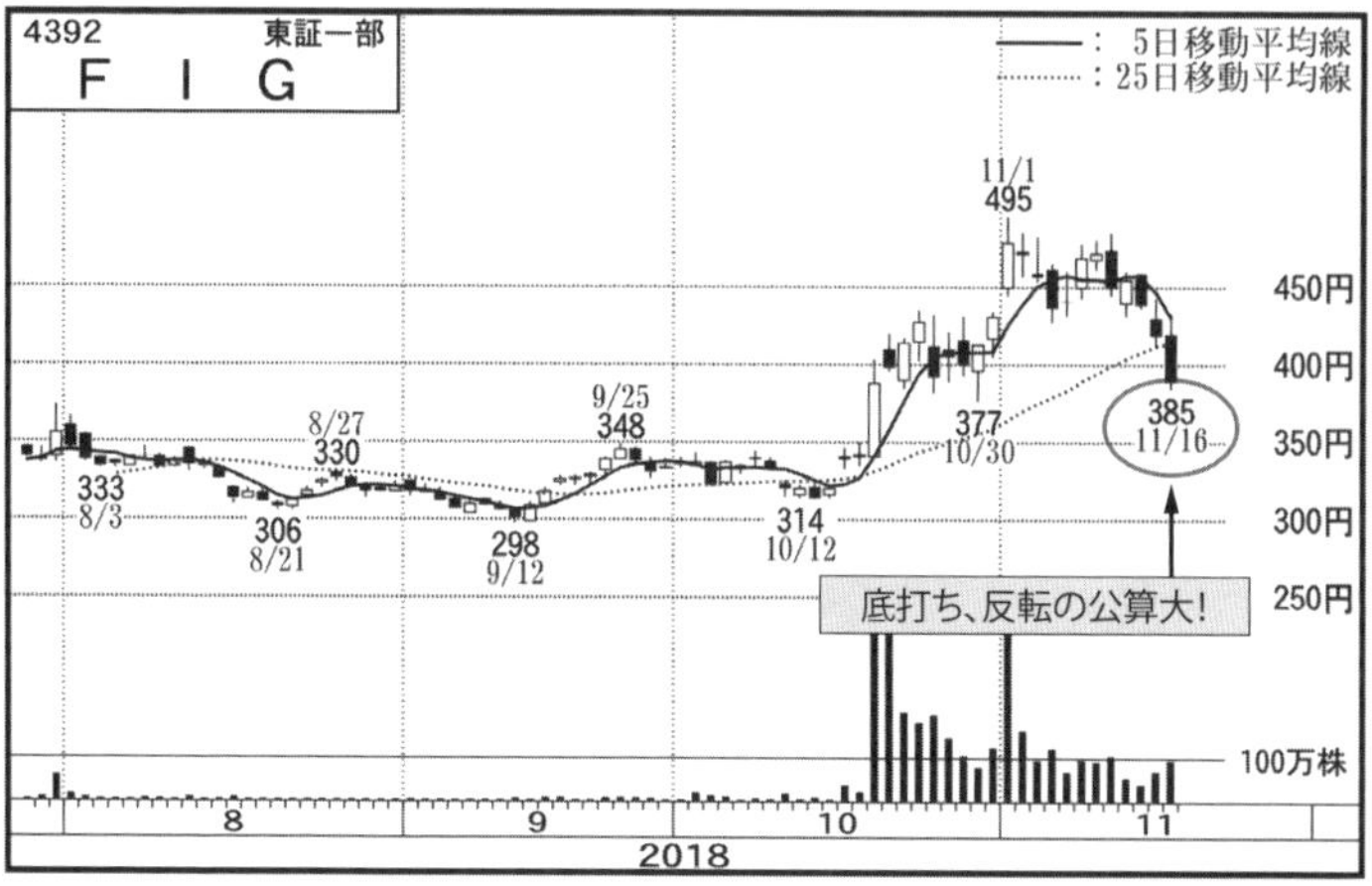

ここに注目！

▶2018年始値323円（7/2）→同年安値276円（7/6）

▶2018年高値495円（11/1）→直近株価385円

▶第１弾目の購入株数＝1,000株

▶投資戦略＝新規上場直後、初値を14％強上回る下げを見せたが、その後はボックス圏でのもみ合いが続いた。しかし、10月に入ると動意づき、もみ合いを放れた。全般相場の余波も軽微である。ここは強い姿勢で臨むところだろう。テーマ性、およびユニークな業態は、いずれ評価されると思う。

▶目標株価（２年以内）＝600円以上

直近ベースでも、東証1部の売買代金の実に4割がカラ売りだ。これを異常といわずして、何を異常というのだろうか。

このような状況下、個人投資家には個人投資家の生きる道がある。繰り返しになるが、それはヘッジファンド、外部環境（為替、金利、海外情勢など）の影響を受けにくい銘柄を徹底して攻めること。これに尽きると思う。

情報通信事業では、タクシーのカード決済システムが好調

FIGは、傘下にモバイルクリエイト、石井工作研究所など8社を有する。主力の情報通信事業はタクシーのカード決済システムが好調だ。装置関連事業では、EV関連、ドローン、ロボットが伸びている。

バスの定額運賃決済システムでは、北海道の十勝バス、くしろバス、京都の京都らくなんエクスプレスなどが採用、イオンの電子マネー「WAON」が使える路線もある。

大株主には、福岡の第一交通産業がいる。第5位の株主だ。主要ユーザーは、第一交通産業グループとなっている。ここはタクシーの自動運転（配車）、カード決済シス

■ FIGの業績予想と主力の傘下企業

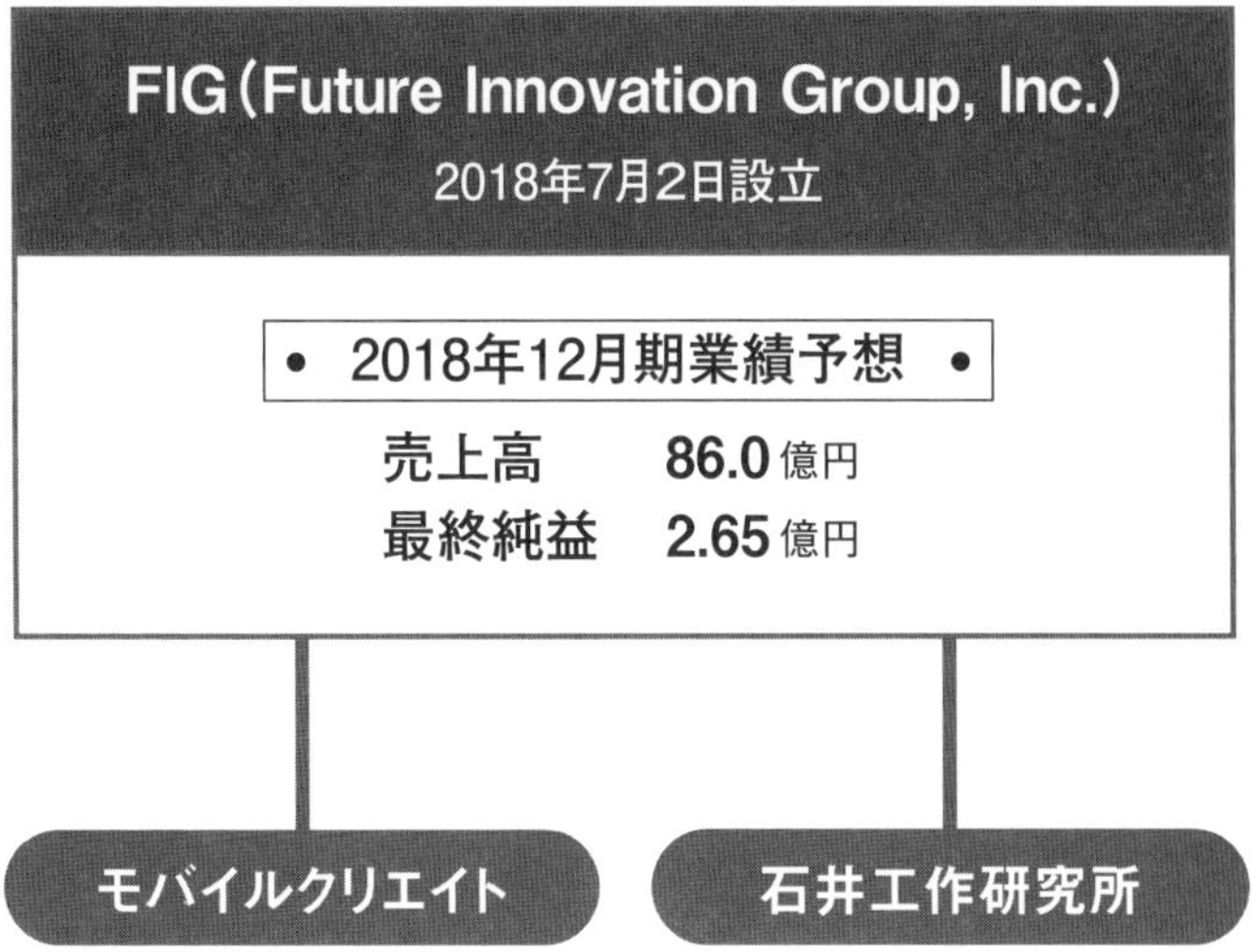

テムなどの分野で提携している。

首都圏の大手タクシーの場合、料金を払う段階で「カードですか、現金ですか」と聞かれる。世の中は本当に変わった。ＦＩＧは、業態的にこのメリットを受けるだろう。

足元の業績は今ひとつ（２０１８年12月期は横ばい予想）だが、ここは将来性を評価すべきではないか。

株価は勢いよく水準を切り上げ、２０１８年の11月１日に４９５円まで急伸したが、直近は４００円を割り込んでいる。３７０円近辺は、理想的な買いゾーンだろう。

④ HOYA(7741)「時代が求める新しい技術」を基盤に、事業領域拡大中！

メディカル部門では、白内障用眼内レンズなどが海外で伸びる

光学ガラスメーカーとして創業したＨＯＹＡは、ヘルスケア、メディカル、エレクトロニクス、映像、その他の事業と幅広く展開している。ヘルスケア部門ではメガネレンズやコンタクトレンズ、メディカル部門では医療用内視鏡のほか、世界的な高齢化を背景に、白内障用眼内レンズなどを手がけている。

また、エレクトロニクス部門では半導体・液晶用フォトマスクの有力メーカーとなっており、映像分野では車載カメラ・監視カメラなど、さまざまな電子機器に搭載されるカメラ向けに多様な製品を提供している。

２０１８年３月期の第１四半期（４～６月）の業績は、売上高が前年同期比９・２％

◎HOYA（7741）の月足

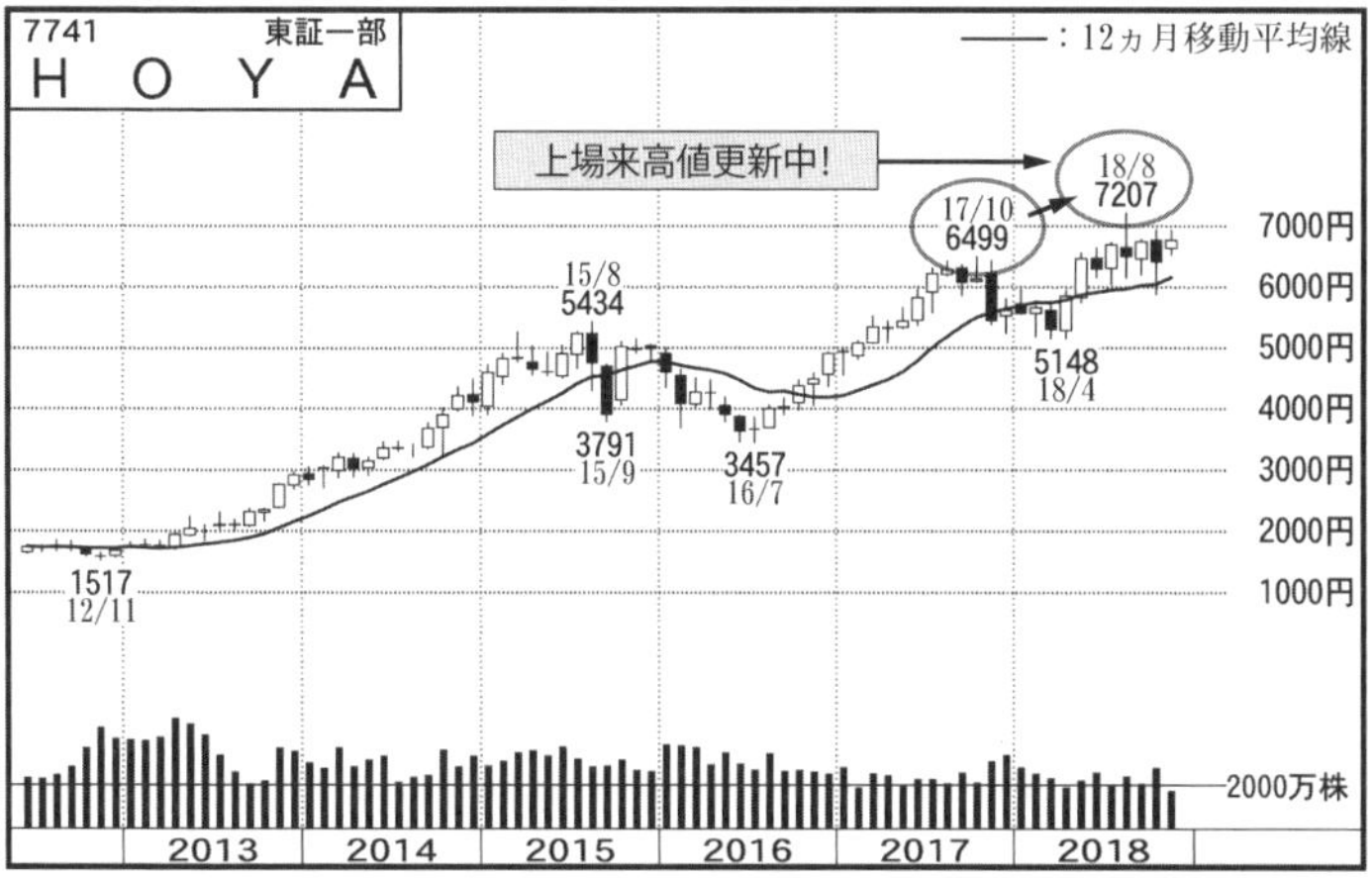

ここに注目!

▶2018 年始値5,741円（1/4）→安値5,148円（4/4）

▶2018 年高値7,207円（8/6）→直近株価6,813円

▶第１弾目の購入株数＝100 株

▶投資戦略＝株価は13 週移動平均線、26 週移動平均線に沿って上げている。直近株価は，高値に対し５％安の水準だ。テクニカル的には、6,600 円がらみが買いゾーンとなる。もう少し押し目を待ちたいが、長期方針なら時価買いでも異論はない。

▶目標株価（２年以内）＝9,000 円近辺

増の1388・9億円、税引き前利益が同15・3％増の352・2億円となった。ヘルスケア部門では、メガネレンズがアジアの市場拡大、コンタクトレンズも「アイシティ」の新規出店などが奏功し、増収となった。順調である。

メディカル部門では、白内障用眼内レンズがヨーロッパを中心に大きく伸びている。エレクトロニクス部門では、半導体用マスクブランクスが好調だ。映像部門ではデジカメ向けレンズが苦戦したが、監視カメラなどの用途が順調に増えている。

業績と成長力を評価、株価の上場来高値更新続く

2019年3月期第2四半期（7〜9月）は、売上高2809億円（前年同期比6・5％増）、税引き前利益772億円（同19・4％増）を達成した。同社の場合、2019年3月期の通期見通しは第3四半期の決算発表時に公表されるが、売上高5356億円（前期比11・8％増）、税引き前利益1390億円（同11・9％増）程度の数字は堅いだろう。つれて、1株利益は前期の295円が2019年3月期は314円前後となる模様だ。

■ HOYAの業績推移

	2017年3月期	2018年3月期	2019年3月期（予）
売上高	505,714 (+3.2)	478,927 (▲5.3)	535,612 (+11.8)
経常利益	119,099 (+0.7)	110,795 (▲7.0)	124,248 (+12.1)
最終純益	93,175 (+4.0)	86,740 (▲6.9)	99,494 (+14.7)

（注）単位=百万円。（　）は前期比。2019年3月期は会社側予想

同社は、国内初の光学ガラス専門メーカーとして創業したが、事業の基軸を光分野へ発展させ、事業領域を広げている。〝変われる〟企業だ。また、時代が求める新しい技術をつくり出せることが強みでもある。主力の4部門はともに堅調な伸びが予想され、長期的な成長が期待できる。

株価は、堅調な業績と確かな成長力が評価され、2018年8月6日に7207円と、上場来高値を更新した。その後、10月末に一時6000円を割り込んだが、急回復に転じている。直近ベースのPERは20倍台だが、割高感は感じない。投資期間が2年あれば、待望の株価5ケタ乗せも夢ではないだろう。

⑤ 愛知製鋼(5482)

自動運転関連の隠れた大穴株、技術力の高さが魅力!

自動運転支援システムには、同社のMIセンサが不可欠という事実

東大発のベンチャー企業「先進モビリティ」(未上場)には、**ソフトバンクグループ(9984)**、**ヤフー(4689)**、SBドライブ(未上場)などが関係しているが、愛知製鋼も3億円出資している。

これは、自動運転に不可欠なMIセンサ(高感度磁気センサ)の技術を、愛知製鋼が持っていることによる。

先進モビリティは、無人運転バスの自動化に取り組んでおり、オフィスは東京大学駒場キャンパスの連携研究棟にある。現在、東京オリンピック・パラリンピックに向けた自動運転公共交通システムの実用化についても開発を進めており、極めて注目度の高い

◎愛知製鋼（5482）の月足

ここに注目！

▶2018 年始値4,535円（1/4）→安値3,815円（10/26）

▶2018 年高値4,950円（2/2）→直近株価3,975円

▶第 1 弾目の購入株数＝100 株

▶投資戦略＝移動平均線が頭を押さえる形で、チャート的には往来相場が続いている。しかし、ここにきて株価はようやく3,815 円で底打ち、ジリ高となりそうな動きである。2 年あれば、ボックス上放れ→長期上昇トレンド入りが望める。

▶目標株価（1 年以内）＝5,000円がらみベンチャー企業である。

　同社では、自動運転支援システムの早期事業化を目指し、愛知製鋼の出資を受け入れたと発表している。そう、同社の誇る「磁気マーカシステム」の技術向上には、愛知製鋼のMIセンサが不可欠なのだ。山間部、雪道などで威力を発揮する。

　ちなみに、磁気マーカシステムとは、車の車両底部に取りつけたMIセンサによって走行中の位置を高精度に計測し、車両が磁気マーカ上を通過できるよう、舵取り装置を制御する自動運転支援システムである。

業績堅調、PER11倍台で買い安心感出る

　愛知製鋼は、筆頭株主のトヨタ自動車が発行済み株式数の24%を保有しており、第2位の大株主は**新日鐵住金（5401）**、第3位は**豊田自動織機（6201）**となっている。

　主要製品は、特殊鋼条鋼、ステンレス、チタン、鍛造品、電磁品である。電磁品は、ステンレスの材料技術、磁気技術と表面処理技術を組み合わせ、新規事業を展開している。注目のMIセンサは、この部門に属する。

■ 愛知製鋼の2020年度中期経営計画

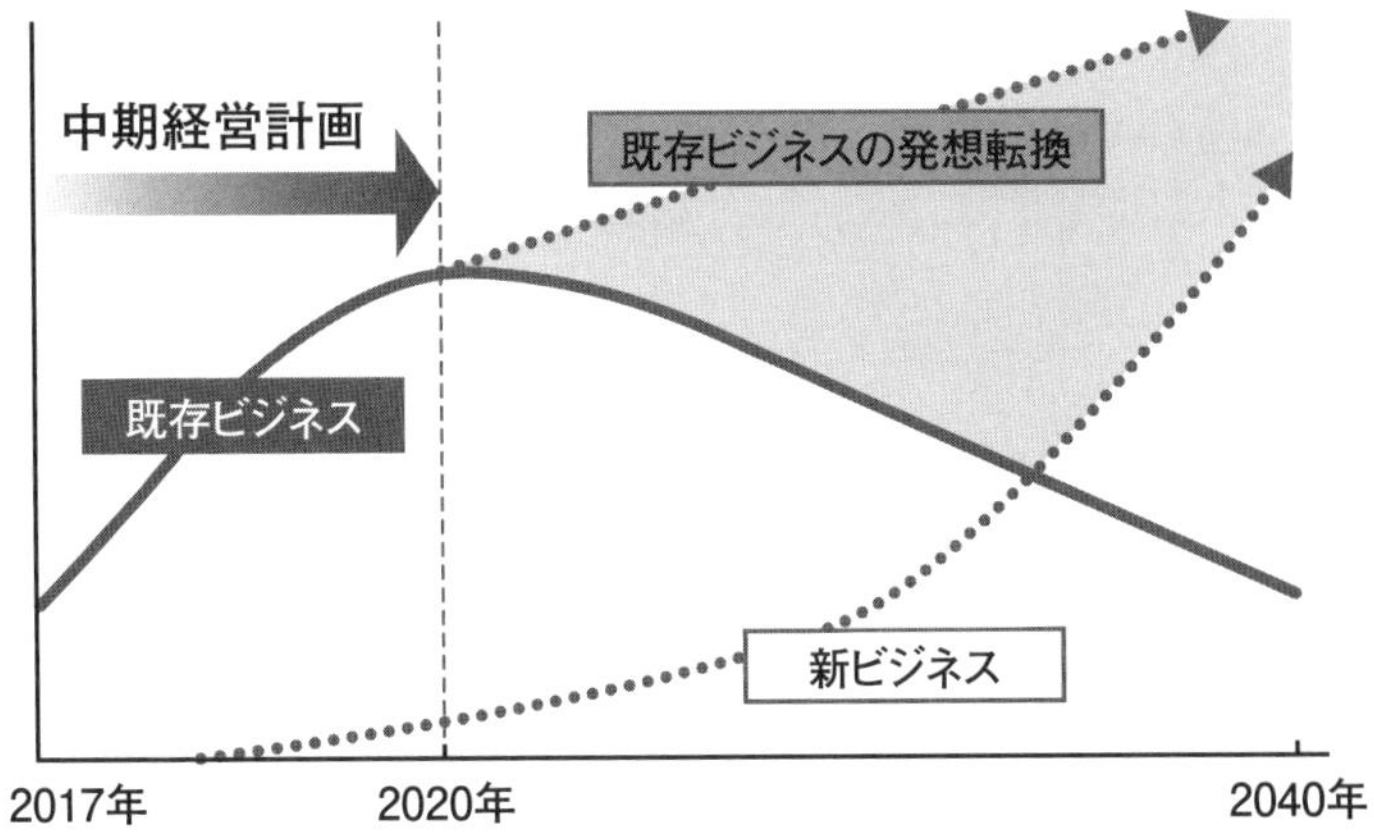

2020年度経営目標
売上高　2500億円（2017年度2,362億円）
営業利益　200億円（2017年度118億円）

もちろん、トヨタグループ唯一の素材・特殊鋼メーカーとして、自動車分野を中心に業容を拡大中である。

業績は2018年3月期が11％増収、71・6％経常増益で着地した。2019年3月期は売上高2551億円（8・0％増）と堅実さが光る。スクラップなど、原料安効果も見込める。

直近株価は、PER11倍台と割安だ。年間配当120円の利回りは3・1％あり、下値不安は薄い。2006年2月には、1万3200円まで買われており、意外高があっても驚きはない。実際、下値には〝事情通〟の買いが入っている。

COLUMN 5

目指せ株長者、辛抱する木(気)にカネが成る！

コツコツと辛抱強く努力すれば、やがておカネ（資産）もできる。先人は、「相場には何よりも辛抱強さ（耐え抜く力）が大切」と教えている。逆にいえば、辛抱も努力もしない投資家が報われることはない。この世界は、努力する人が報われる。

田中さん（仮名）は専門学校の先生だ。英語を教えている。株式投資歴は長い。もう、40 年近くになる。この人は低位株専門。つぶれそうにない 100 ～ 200 円台の銘柄を、コツコツと拾うのが大好きだ。そして、ひたすら貯め込む。

これまで、**みずほフィナンシャルグループ（8411）**、**Oak キャピタル（3113）**、**双日（2768）**などが安値をつけるたびに買い増してきた。下げ相場では、最終局面が最も厳しい状況となる。そう、「夜明け前がいちばん暗い」というではないか。

田中さんは保有株をいつも2～3銘柄に絞る。そして、時間をかけ、上がるまで辛抱して待つ。まさに、「辛抱する木（気）にカネが成る！」作戦である。現在の資産は、ゆうに 2 億円を超えていると思う。

◀最終章▶

東京オリンピックまであと1年!

2019年相場の展望&「市場別」メダル候補銘柄を「大公開!!」

２０１９年相場は、基本的にボックスゾーンの動き上値メドはＰＥＲ13・９倍水準の２万４６００円がらみ

安いときに、安いところを仕込む作戦が奏功する

２０１９年相場は、基本的にボックスゾーン（もみ合い）の動きだろう。方向感は乏しい。ただし、投機筋の暗躍があって、２０１８年３月、10月のような急落が起こり得る。しかし、そんな局面は断固、買いとなる。何しろ、往来相場である。安いときに、安いところを買えない人に〝明日〟はない。投資の基本認識は不変である。

日経平均株価は、２万２０００円がらみのスタートとなろう。１９８９年12月29日の史上最高値３万８９１５円→２００９年３月10日のバブル崩壊後の安値７０５４円までの下落幅は３万１８６１円だ。この半値戻しの水準は、２万２９８５円である。不思議なことに、「２万３０００円の壁」と一致する。

■ 日経平均株価（2018年）の予想と実際の推移

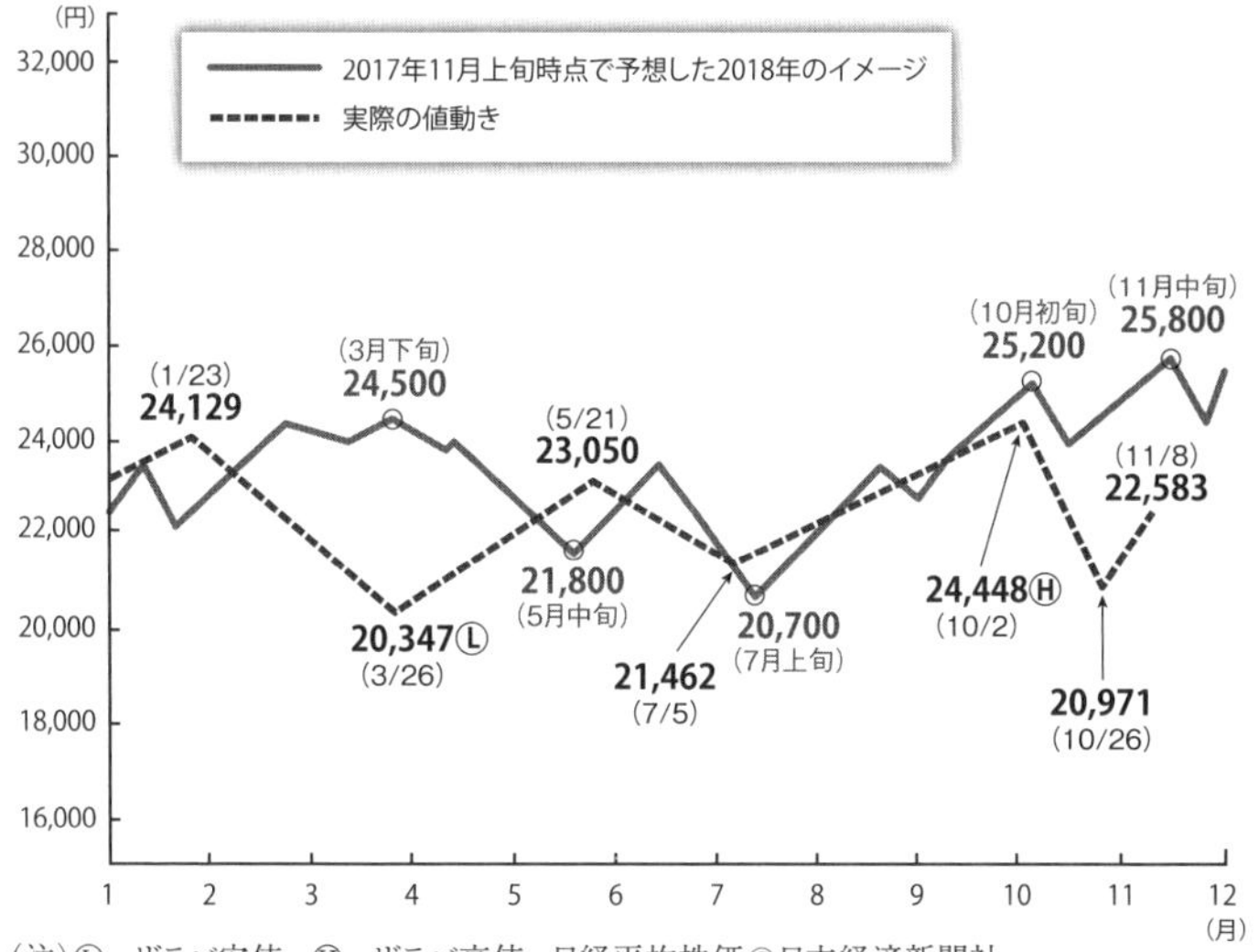

（注）Ⓛ＝ザラバ安値、Ⓗ＝ザラバ高値。日経平均株価©日本経済新聞社

この壁は厚い。２０１８年には何度も挑戦し、10月には一時的に上回ったものの、結局は跳ね返された。10月２日には２万４４４８円（ザラバ高値）を示現したものの、26日には２万９７１円（ザラバ安値）まで売り込まれた。わずか３週間の間に３４７７円、14％強の下落率だった。これが最近の相場の恐ろしさだろう。

すなわち、①機関化現象の進展、②外国人主導のマーケット、③先物、ハイフリークエンシー・トレーディング（高頻度・超高速取引）、アルゴリズム取引、リスク・パリティなど新しい投

■日経平均株価（2019年）の予想イメージ

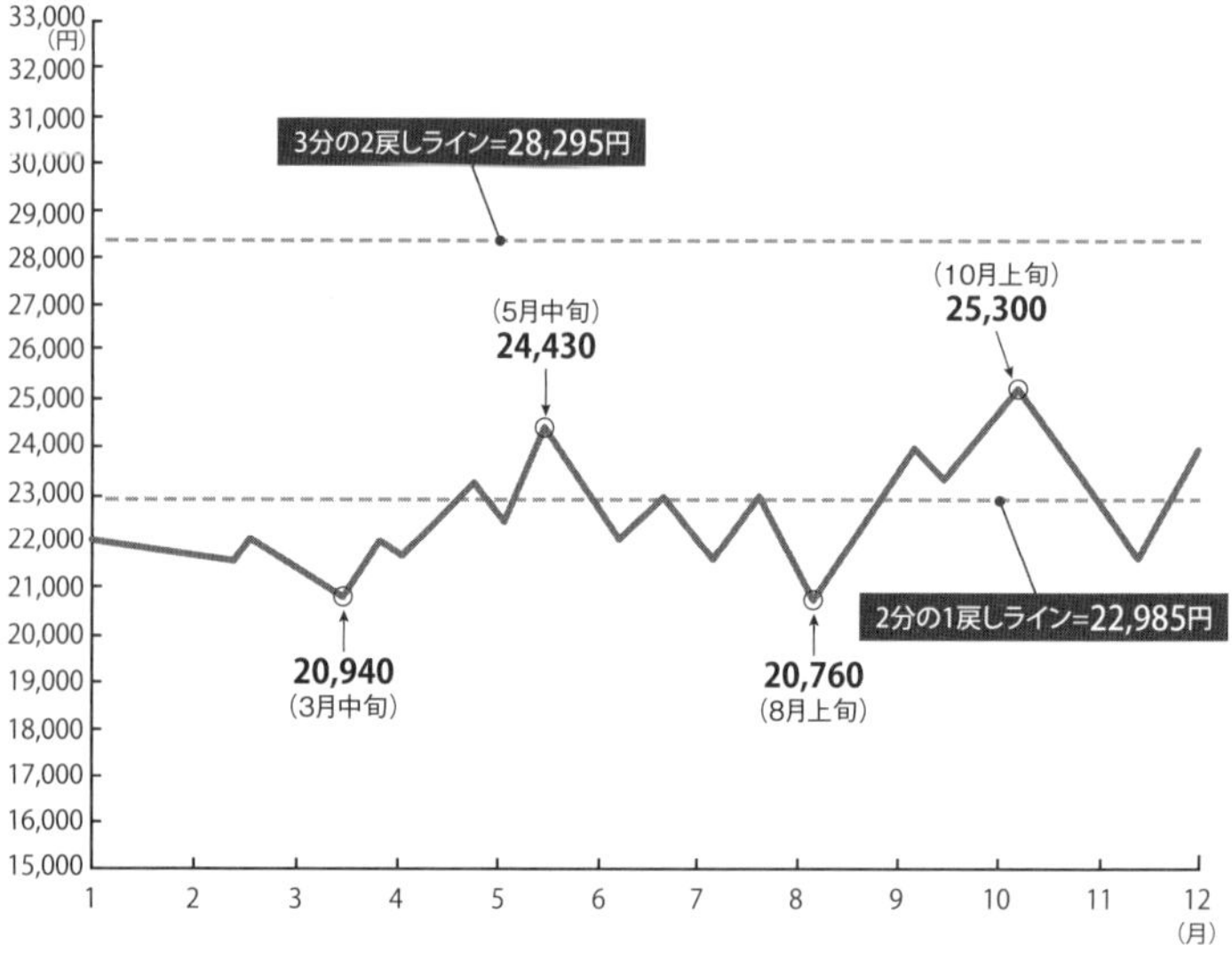

資ツールの出現、④投資スタイルの変化――などによって、値動きが一段と激しくなっている。

要するに、個人もそうだが「上がれば買う、下がれば売る」の姿勢が顕著になっているのだ。いわゆる、短期・順張りである。この結果、株価のボラティリティ（変動率）が高くなる。

だからこそ、トレンドを読むとともに、銘柄選別が重要になる。そして、それと同時に仕掛けのタイミングが成否のカギを握る。

さて、日経平均株価はここ数年、PER13～16倍のゾーンで動いている。

もちろん、株価は常に上下に行きすぎる。安値圏を見ると、２０１６年2月（チャイナ・ショック）がＰＥＲ12・89倍、同年6月（イギリスのＥＵ離脱）が12・82倍、２０１８年3月（金利上昇）が12・60倍だった。そう、現状のＰＥＲ13倍割れは底値圏と判断できる。

２０１８年10月は、瞬間的に11・69倍の水準まで売り込まれた。売られすぎである。なお、直近ベースの日経平均株価の1株利益（予想ベース）は、１７７６円だ。これをベースに、２０１９年の日経平均株価を予測してみよう。先の章でも触れたが、スケジュール的には5月の3月期決算の発表、7月の参議院選挙、10月の消費税率の引き上げ（8％→10％）がある。

なお、世界平均のＰＥＲは13・9倍である。これだと、上値のメドは2万４６８０円がらみになる。5月中旬には、この水準に挑戦するだろう。

安値は3月中旬、および8月上旬と想定している。もちろん、8月上旬の安値は参議院選挙の結果次第となる。いずれにせよ、2万１０００円以下はＰＥＲ11倍台にすぎない。ここは売られすぎゾーンであり、千載一遇の投資チャンスとなる。

2018年はスマートバリュー、ソウルドアウトが金メダルを獲得！

本書は、すばる舎より2017年の12月に刊行した『株は金銀銅銘柄で完勝だ‼』、2018年12月に上梓した『新成長株で勝負せよ！』（前書）に続き、最終章で「市場別」メダル候補銘柄を紹介している。

これはもちろん、2020年の夏に開催される東京オリンピック・パラリンピックを意識したもので、東証1部、東証2部、ジャスダック、東証マザーズの市場ごとに金・銀・銅メダル候補を選んできた。毎回、4市場合わせて12銘柄をピックアップしてきたことになる。

なお、一応の目安として、上昇率が100%以上、すなわち、2倍化以上となるものを金メダル銘柄としている。同じく、銀メダル銘柄の上昇率は60・0〜99・99%、銅メダルのそれは40・0〜59・99%である。

参考までに、前書で取り上げたメダル候補12銘柄の上昇率を調べてみると、ジャスダックの**スマートバリュー（9417）**が120・0%、東証マザーズの**ソウルドアウト（6553）**が106・7%で金メダル銘柄となった。いずれも、上昇率の算出期間

■「市場別」メダル候補銘柄

東証1部

コード	銘柄	2018年始値(円)	直近株価(円)	2018年騰落率(%)	メダル(予想)
4344	ソースネクスト	338.7	611.5	80.5	金
4527	ロート製薬	3,060	3,455	12.9	銀
7518	ネットワンシステムズ	1,753	2,195	25.2	銅
3941	レンゴー	822	930	13.1	
8035	東京エレクトロン	21,300	15,530	▲27.1	
3139	ラクト・ジャパン	4,885	7,300	49.4	

東証2部

コード	銘柄	2018年始値(円)	直近株価(円)	2018年騰落率(%)	メダル(予想)
4847	インテリジェント ウェイブ	680	854	25.6	金
7587	PALTEC	766	603	▲21.3	銀
3021	パシフィックネット	545	814	49.4	銅
3854	アイル	775	1,133	46.2	
8929	青山財産ネットワークス	1,653	1,422	▲14.0	
6699	ダイヤモンドエレクトリックHD	1,300	1,050	▲19.2	

（注）市場ごとにメダル候補6銘柄を選び、活躍の期待度が高い順に金→銀→銅とした。

は、２０１８年１月４日（大発会）の始値に対し、11月９日までのザラバ高値である。

スマートバリューは、１月４日の始値６３８・５円が６月８日に１４０５円、ソウルドアウトは、２８３０円が５月25日に５８５０円まで買われている。手前味噌ではあるが、候補12銘柄中２つの金メダル銘柄を輩出できたことになる。

銀メダル銘柄は出現しなかったが、東証２部の**青山財**

産ネットワークス（8929）、東証1部の**N・フィールド（6077）**の2銘柄が銅メダル銘柄となった。上昇率はそれぞれ、58・4％と45・7％である。

ちなみに、このほか東証1部の**廣済堂（7868）**が35・8％、東証2部の**インスペック（6656）**が29・0％、東証マザーズの**大泉製作所（6618）**が27・0％の値上がりとなった。これらについては、2019年も引き続き活躍が期待できる。

今回のメダル候補銘柄については、好テーマ、好材料を内包し、なおかつ業績の伸長が見込めるものを中心に選んだ。具体的な選別の手順としては、これまでと同様、各市場で有望視されるものをそれぞれ6銘柄ピックアップし、そこからさらに絞り込んで金・銀・銅のメダル候補とした。もちろん、金・銀・銅のメダル候補からもれた銘柄も大いに期待していただきたい。

東証1部の金メダル候補銘柄は、**ソースネクスト（4344）**とした。銀メダル候補は**ロート製薬（4527）**、銅メダル候補は**ネットワンシステムズ（7518）**である。

東証2部の金メダル候補は、**インテリジェント　ウェイブ（4847）**。銀メダル候補は**PALTEC（7587）**、銅メダル候補は**パシフィックネット（3021）**

■「市場別」メダル候補銘柄

ジャスダック					
コード	銘柄	2018年始値(円)	直近株価(円)	2018年騰落率(%)	メダル(予想)
2436	共同ピーアール	490	1,531	212.4	金
4335	アイ・ピー・エス	600	850	41.7	銀
6578	エヌリンクス	3,780	1,950	▲48.4	銅
7564	ワークマン	3,915	7,010	79.1	
6664	オプトエレクトロニクス	629	1,185	88.4	
4356	応用技術	768	1,302	69.5	

東証マザーズ					
コード	銘柄	2018年始値(円)	直近株価(円)	2018年騰落率(%)	メダル(予想)
7035	and factory	4,010	4,675	16.6	金
3773	アドバンスト・メディア	1,991	1,750	▲12.1	銀
3994	マネーフォワード	3,250	3,645	12.2	銅
3996	サインポスト	4,950	4,290	▲13.3	
6572	RPAホールディングス	2,856	3,412	19.5	
3692	FFRI	3,985	3,650	▲8.4	

(注)市場ごとにメダル候補6銘柄を選び、活躍の期待度が高い順に金→銀→銅とした。

とした。

ジャスダックの金メダル候補は、**共同ピーアール(2436)**。銀メダル候補は**アイ・ピー・エス(4335)**、銅メダル候補は**エヌリンクス(6578)**である。

東証マザーズは、**and factory(7035)**を金メダル候補、**アドバンスト・メディア(3773)**を銀メダル候補、**マネーフォワード(3994)**を銅メダル候補としている。

東証1部

金メダル

候補銘柄

ソースネクスト（4344）

東京五輪を控え、携帯用自動通訳機の需要高まる

74言語に対応する次世代通訳機を発売

ＰＣ用ソフトが主力の会社である。ウイルス対策ソフトを手がけ、高いシェアを誇る。情報セキュリティ分野は、ＩoＴ、自動運転など「つながる時代」を迎え、一段と重要性が高まっている。

さらに、同社には携帯用自動通訳機のヒットという材料がある。シェアは9割を超えて、独走中だ。２０１８年9月には、次世代通訳機「ポケトークＷ」（本体価格2万４８８０円＋税）を投入した。これは、世界74言語に対応した、手のひらサイズの通訳機だ。これがあれば、まるで通訳がいるように対話することができる。大ヒット間違いなしだろう。

何しろ、2・4インチの大きな画面にタッチパネルを採用、世界１０９の国や地域で使える４Ｇ対応のグローバル通信機能を内蔵している。面倒な設定は不用である。

業績は好調だ。２０１９年3月期、２０２０年3月期ともに2ケタ増益を達成できるだろう。特に、２０１９年3月期の最終純益は、前期比44％増益が見込まれている。なお、２０１８年11月には、1対2の株式分割を実施した。これは先行きに対する自信の現れだろう。

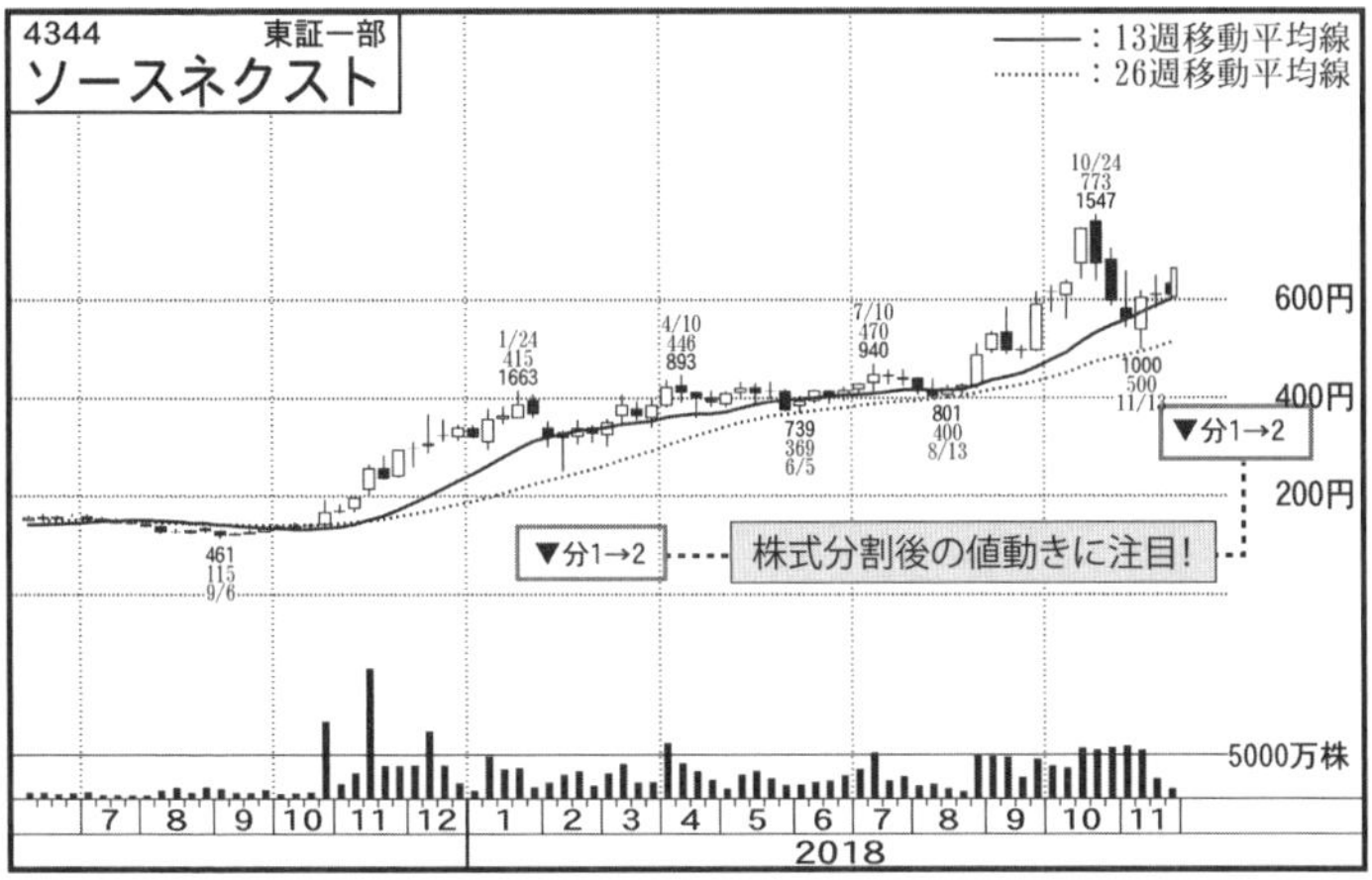

▶押し目買いの好機到来　2018年は、年初の338.7円が4月10日446円→7月10日470円→9月12日585円と順調に上値を切り上げ、10月24日には773円を示現した。もちろん、上場来高値の更新を続けているだけに、需給面での懸念はない。東京五輪を控え、通訳機の需要はさらに高まるだろう。一段高が見込める。

■ 売買単位100株

直近株価＝611.5円 →2019年の目標株価＝1,000円

データ

▶5年来高値＝773円（18/10）　▶5年来安値＝95.5円（16/6）

▶予想配当利回り＝0.66%　▶予想PER＝24.1倍

▶利益剰余金＝33.31億円　▶有利子負債＝17.53億円

東証1部
銀
メダル
候補銘柄

ロート製薬（4527）

業績絶好調、株価は長期上昇波動を形成中

2019年はスギ花粉が大量飛散との予想→目薬の需要増必至

医薬品業界では特異な存在である。企業規模はそうでもない（売上高1700億円強）が、胃腸薬の「パンシロン」、目薬の「ロートV」シリーズなど、知名度の高い商品を有している。さらに、スキンケア商品を手がけ、海外進出を本格化させている。

2019年は、花粉の大量飛散となりそうだ。スギ花粉の飛散量は、前年の日照時間に大きな影響を受ける。一般用目薬（アイケア事業）の国内シェアトップの同社は、このメリットを受けるだろう。

新薬の開発では、再生医療事業に注力している。肝硬変を対象とする「ADR‐001」は、国内における独占的な開発・販売に関するライセンス契約を**塩野義製薬（4507）**と締結した。契約一時金に加え、上市後は販売額に応じたロイヤルティを受け取る。

もちろん、業績は好調だ。2019年3月期は、主力のアイケア事業、スキンケア事業が伸び、3割近い増益となろう。配当は1円増の23円とする。

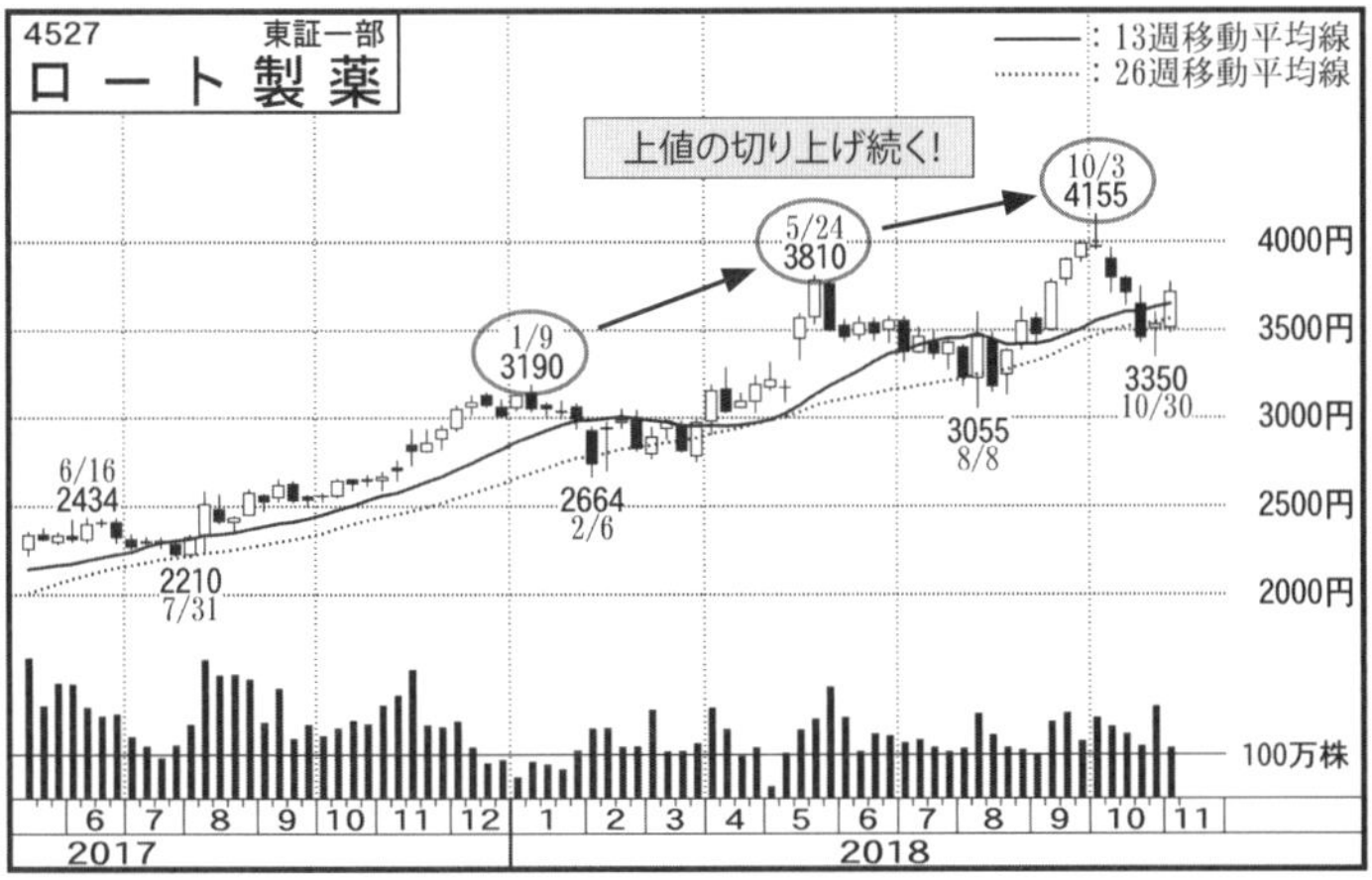

▶上昇トレンドに変わりなし　雄大な上昇波動を形成している。2018年は、5月24日に3,810円、10月3日に4,155円まで買われた。これはそれぞれ、年初の3,060円に対し、24.5%、35.8%の上昇率となる。11月には全般相場の余波を受け、3,300円台に下げているが、これは上昇トレンドの押し目であり、仕込みのチャンスだろう。

■ 売買単位100株

直近株価＝3,455円 →2019年の目標株価＝4,100円

データ

▶5年来高値＝4,155円（18/10）　▶5年来安値＝1,341円（14/9）

▶予想配当利回り＝0.67%　▶予想PER＝29.5倍

▶利益剰余金＝1148.83億円　▶有利子負債＝62.8億円

東証1部

銅メダル

候補銘柄

ネットワンシステムズ(7518)

第4次産業革命など、時代の変化が業容拡大を後押し

クラウド、IoTなど通信分野に強いシステム運用会社だ。セキュリティ分野は充実している。売上構成比は民間企業が31%、通信・ISPが19%、地域・公共が30%、パートナーが19%などとなっている。

独自の経営戦略を推進し、高収益体質を築く

3G、4Gのあと、この業界は厳しい状況に追い込まれた。**アンリツ(6754)**は赤字に転落したほどだ。同社も、業績が伸び悩んだ時期があったが、独自の経営戦略を推進し、2019年3月期の1株利益予想(92円)に見られるように、高収益体質を築きつつある。

そこに、第4次産業革命(キーワードはCAMBRIC)、ソサエティ5・0(社会改革)の推進、5Gの導入という〝追い風〟が吹き始めた。おそらく、アンリツなどを含め、この業界の収益構造は一変するだろう。

株価は、当然、この流れを反映した展開が期待できる。同社はまさに、次世代の大本命といえる存在ではないか。

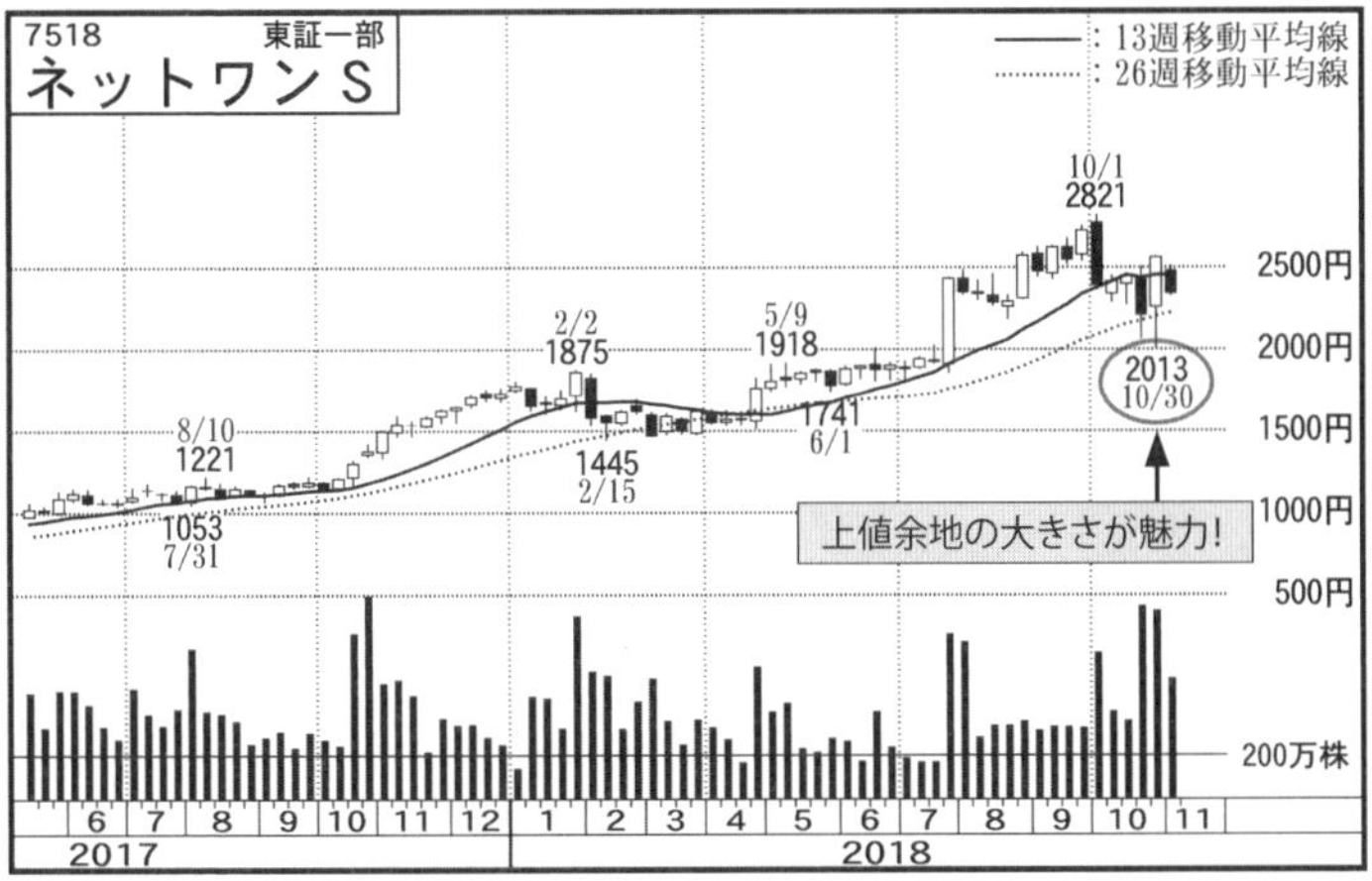

▶**大きい上値余地**　移動平均線にサポートされる形で、長期上昇トレンドが継続している。2016年4月の安値529円を起点に、2018年10月には2,821円まで買われた。2018年の11月には26週移動平均線を一瞬割り込んだが、すかさず反転。2000年の11月には、4,800円の高値がある。上値余地は、まだ相当残されている。

■ 売買単位100株

直近株価＝**2,195**円 →2019年の目標株価＝**2,800**円

データ

▶5年来高値＝2,821円(18/10)　▶5年来安値＝529円(16/4)

▶予想配当利回り＝1.4%　▶予想PER＝22.2倍

▶利益剰余金＝294.82億円　▶有利子負債＝0円

東証2部
金メダル
候補銘柄

インテリジェント ウェイブ(4847)

システム開発の採算が改善、業績のV字回復を評価

カード決済システム首位、キャッシュレス化のメリット受ける

同社は、ソフト開発会社だ。カード決済システムでは、首位の実績を誇る。内部情報漏洩関連分野を強化している。第2章でも述べたが、政府は2019年10月の消費税率の引き上げ(8%→10%)を契機に、カード決済などキャッシュレス化を進める方針だ。同社は、このメリットを享受するだろう。

親会社は、ICカードトップの大日本印刷だ。発行済み株式数の50・6%を保有している。経営リスクは乏しい。それに、有利子負債はゼロだ。そう、買い安心感がある。

クラウドサービス、セキュリティは、今後の収益の柱になろう。セキュリティ分野では、イスラエル製品の機能強化、新製品投入効果が見込める。さらに、ネットショッピング向けの不正検知システム(AIを活用する)を開発中である。

一方、業績面では、システム開発の採算が改善している。2018年3月期の1株利益は14円、2019年3月期は24円前後と、V字回復を示している。これは評価できる。

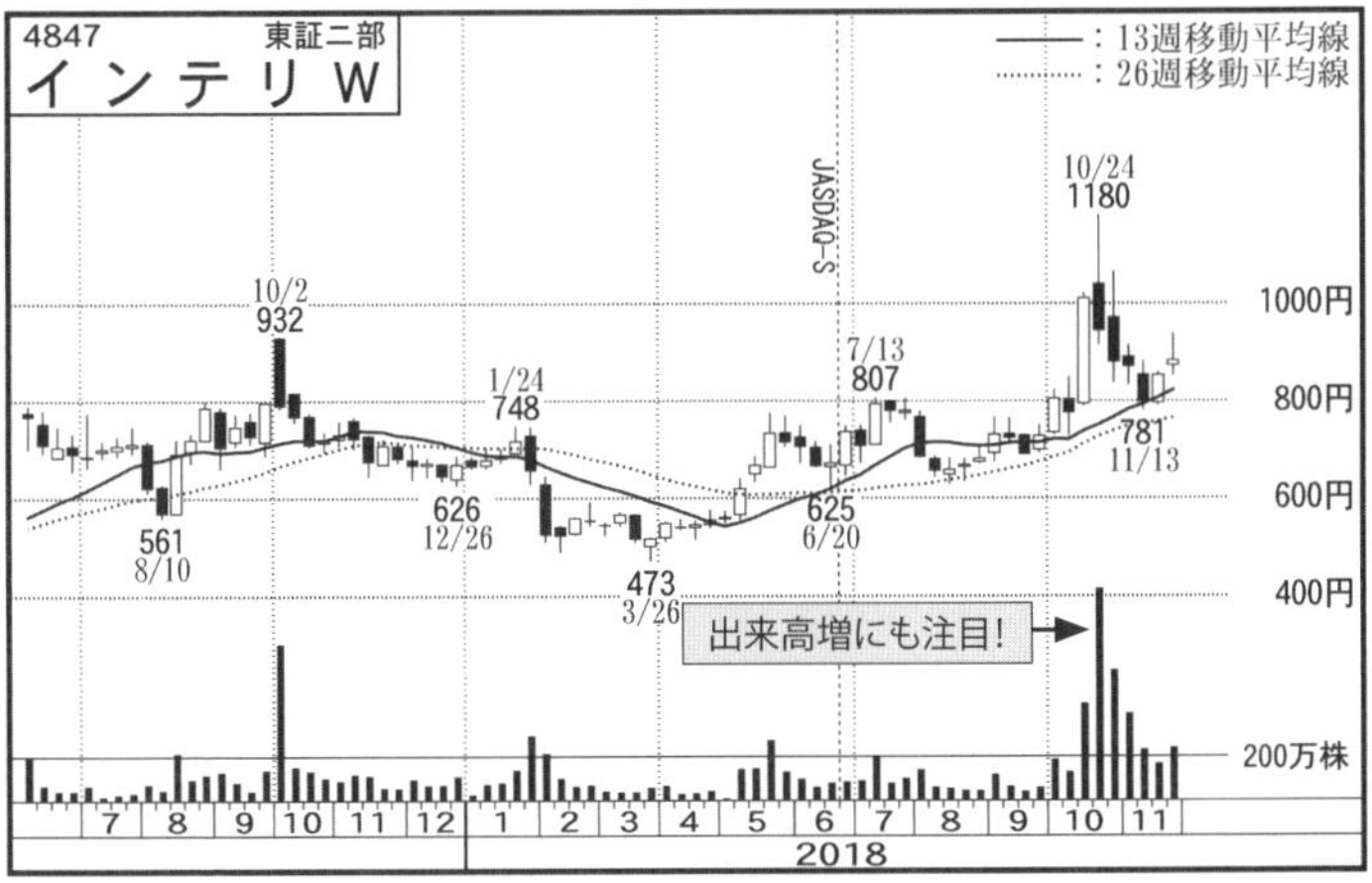

▶**出来高の急増に注目**　2018年は680円でスタートしたが、3月26日には473円まで下げた（下落率30.4%）。しかし、5月21日に終値で年初の始値を上回ると、上値を切り上げる展開となった。10月24日には、1,180円まで買われている。この銘柄も移動平均線に支えられており、買い安心感がある。出来高が増えてきたのも支援材料だ。

■ 売買単位100株

直近株価＝**854**円 →2019年の目標株価＝**1,100**円

データ

▶5年来高値＝1,180円(18/10)　▶5年来安値＝315円(16/2)

▶予想配当利回り＝0.85%　▶予想PER＝34.7倍

▶利益剰余金＝40.18億円　▶有利子負債＝0円

東証2部
銀メダル
候補銘柄

PALTEC（7587）
意欲的な経営戦略が奏功、業績急浮上の公算大

自動梱包システム、作業支援ロボットなどにも積極展開

独立系の半導体商社である。FA、スパコン向けに、アメリカ製の半導体を提供している。主要納入先は**オリンパス（7733）**、**京セラ（6971）**、**ソニー（6758）**、**東芝（6502）**、**富士通（6702）**、**三菱電機（6503）**など、有力企業ばかりである。

最近は、意欲的な経営戦略が目立っている。例えば、健康、医療、行政向けにエッジAI（人工知能）ソリューションを販売、大量梱包ライン向けの自動梱包システムも投入している。この積極姿勢は、高く評価できる。

さらに、作業支援ロボット（マックスルー）の展開に加え、4K・8Kテレビ対応のチューナー（画像装置）を**NTTドコモ（9437）**と共同開発している。

業績はどうか。2019年12月期は、急浮上に転じるだろう。1株利益は、2018年12月期の27円がらみが、42円近辺になる模様だ。株価は、2018年11月の579円で二番底を確認し、動兆含みにある。やはり、業績の回復を先取りしているものと思われる。

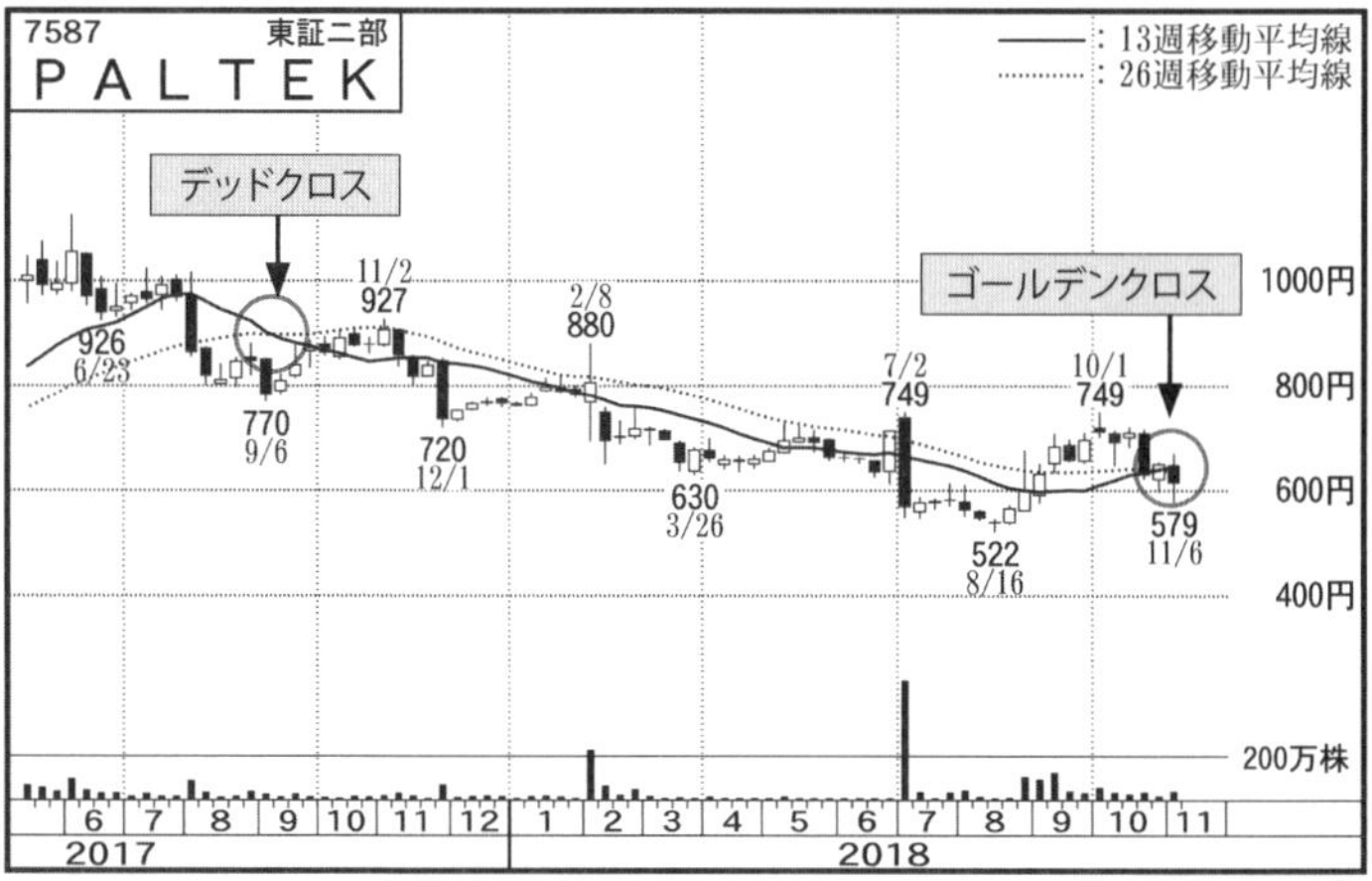

▶下げトレンドに終止符　2017年9月の第3週に、13週移動平均線と26週移動平均線がデッドクロス。それ以降、長らく下げトレンドが続いていたが、ここにきて13週線が26週線を上回った。明らかに、相場つきが変わったのである。2017年の6月には、1,126円まで買われているが、上場来高値は4,305.5円と天井が高い。

■ 売買単位100株

直近株価＝603円 →2019年の目標株価＝800円

データ

- ▶5年来高値＝1,126円(17/6)
- ▶5年来安値＝421円(14/5)
- ▶予想配当利回り＝1.7%
- ▶予想PER＝21.5倍
- ▶利益剰余金＝59.38億円
- ▶有利子負債＝12.10億円

東証2部
銅
メダル
候補銘柄

パシフィックネット（3021）
IT機器管理のサービスは、働き方改革の拡大にも貢献

「PC2020年問題」に対応すべく、IT企業を子会社化

ＩＴ機器管理のサービス提供をメインビジネスとする。売上構成比はリユースが59%、ＬＣＭが38%、コミュニケーションデバイスが2%などとなっている。このほか、サービス付きＰＣレンタルも手がけている。

主力商品は「Ｂｉｚｍｏ」だが、２０１８年10月には、セキュリティ機能をより強化したファイル仮想化ツールの標準搭載を開始している。これにより、顧客企業の働き方改革、モバイルワークの拡大に貢献できるという。

さらに、２０１８年10月には、ＩＴ企業のテクノアライアンスを子会社化すると発表、11月より月額利用料モデル「Ｍａｒｕｔｔｏ（まるっと）３６５」の提供を開始した。これは、ＩＴ機器、データ通信の最新総合ソリューションで、保守・運用、使用済み機器のデータ消去、処分・再利用まで、すべてを行なうことが可能になるという。これは、ウインドウズ7のサポートが終了する「ＰＣ２０２０年問題」にも対応できる。

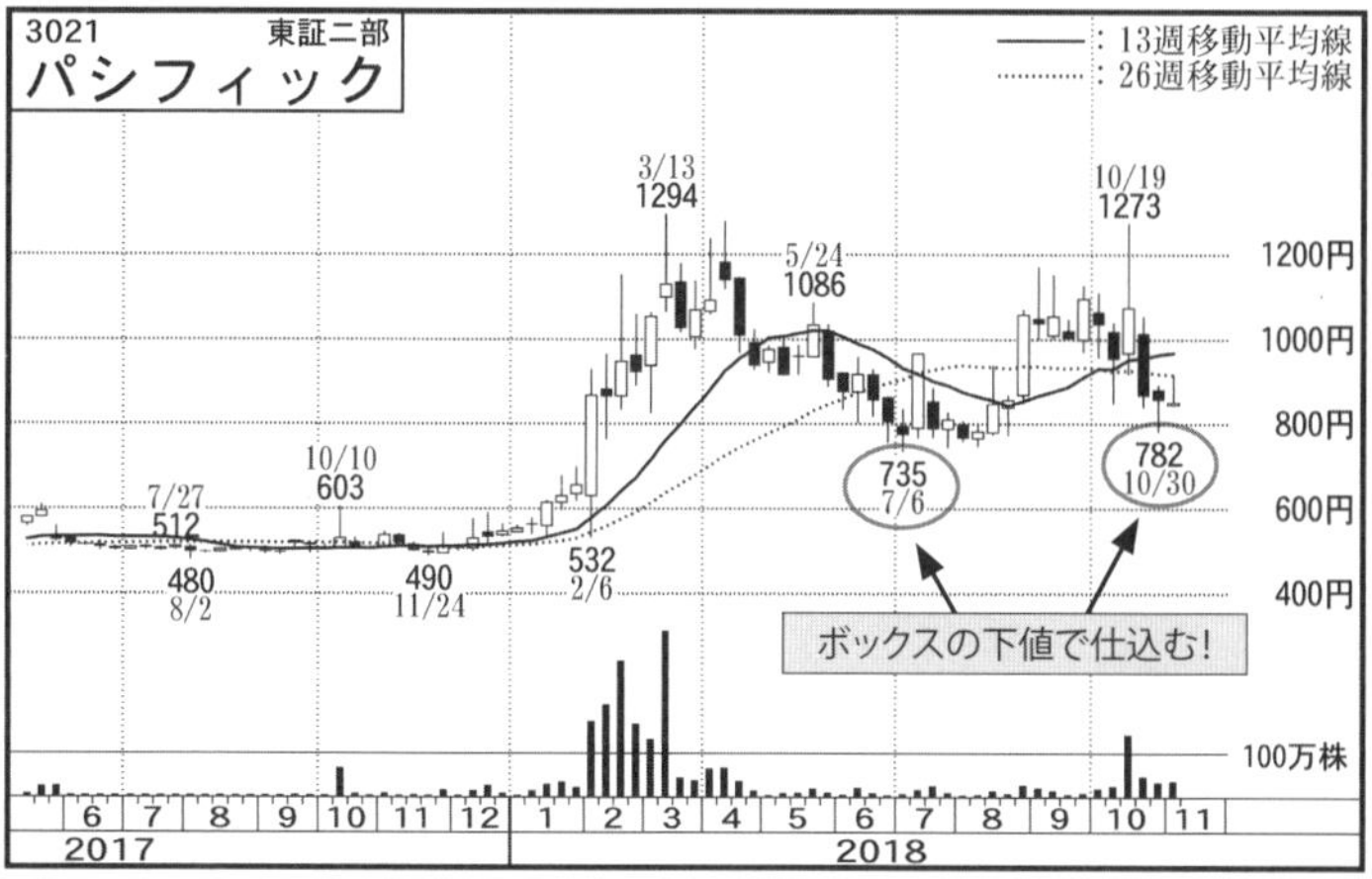

▶**絶好の押し目を形成**　2018年は545円で始まり、2月21日にはストップ高を交えて1,152円、3月13日には1,294円と動意づいた。その後は反動安の展開となったが、秋に入ると9月5日の1,170円、10月19日の1,273円と再び勢いを盛り返している。2006年には2,440円まで買われているだけに、意外高の可能性を秘めている。

■ 売買単位100株

直近株価＝**814**円 →2019年の目標株価＝**1,100**円

データ

▶5年来高値＝1,294円（18/3）

▶5年来安値＝433円（14/5）

▶予想配当利回り＝2.6%

▶予想PER＝20.7倍

▶利益剰余金＝9.30億円

▶有利子負債＝9.50億円

ジャスダック 金メダル 候補銘柄

共同ピーアール（2436）

「PRの時代」を背景に、2005年の上場来高値を更新

クライアントの5割が5年以上の長期契約、増収増益続く

企業パブリシティ活動の支援、コンサルティングを主業務とする。国内最大規模のPR会社である。PR業界で初めて上場、PRのプロを200名以上擁している。年間のPRプロジェクトは、5000件超に達する。

クライアントの7割以上が国内企業、かつ8割が直接取引だ。そのうち5割が5年以上の長期契約となっている。これが収益基盤の安定につながっている。昨今は、インフルエンサーの囲い込みにも積極的だ。これは、新しいPRの形態である。

この業界は最近、注目を集めている。まさに、世は「PRの時代」である。中国の大手オンライン決済サービス会社とも協業し、キャッシュレス時代に備えている。

業績は堅調だ。2018年12月期は増収増益を確保、1株利益は80円（前期は51円）となろう。続く2019年12月期は今のところ減益予想だが、足元の状況を考えると、最終的には増益が見込めると思う。

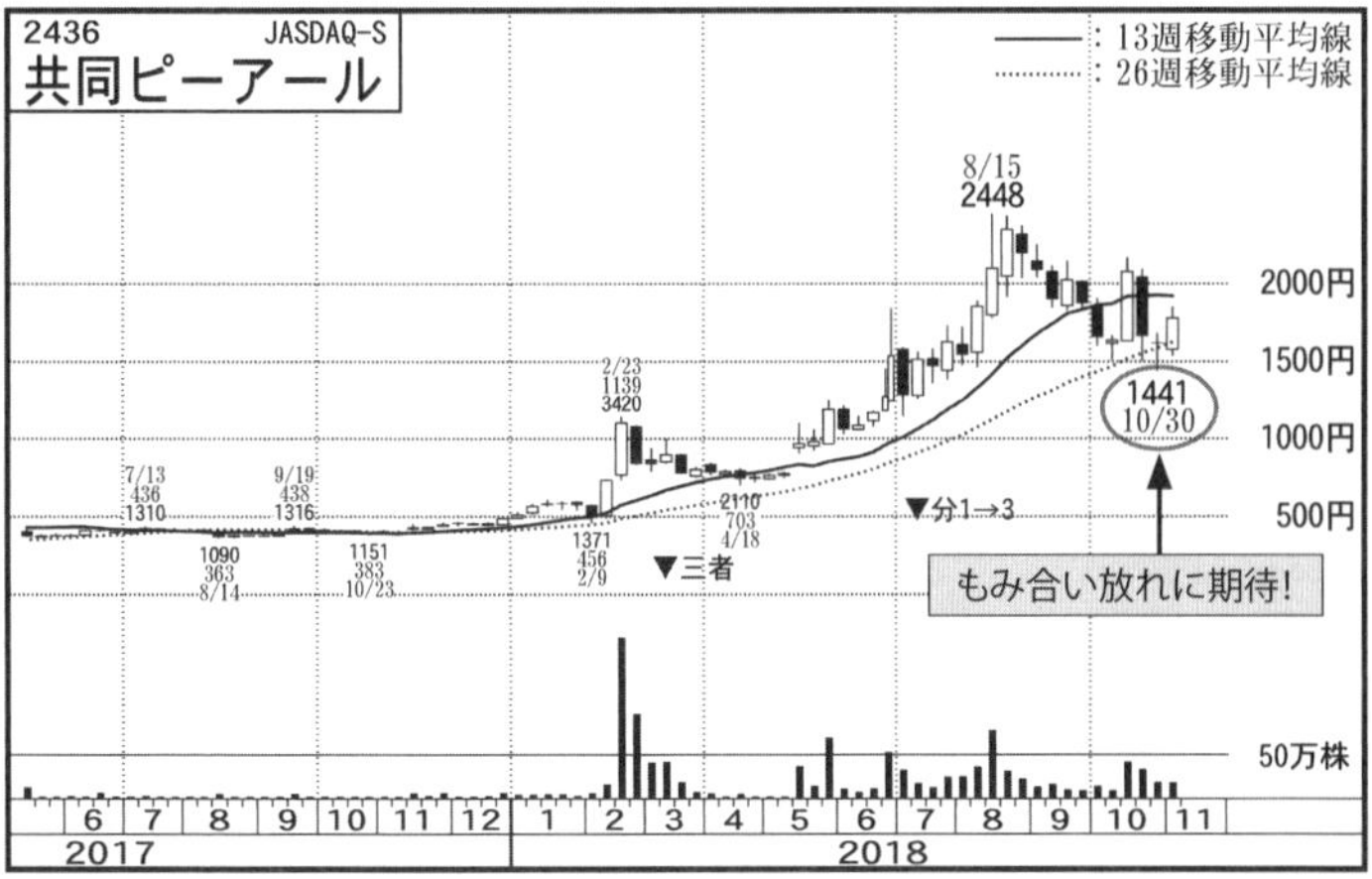

▶反騰態勢入りの期待高まる　同社は2005年3月に上場、初値はいきなり2,000円をつけて注目されたが、その後は下げ一貫の相場展開。2011年の3月には、137.7円まで売られている。しかし、長期低迷期は完全に脱した。2018年の8月14日に終値で上場初値を上回り、上値指向が鮮明となった。底打ち→反転態勢入りが期待できる。

■ 売買単位100株

直近株価＝1,531円 →2019年の目標株価＝1,800円

データ

▶5年来高値＝2,448円(18/8)　▶5年来安値＝188.3円(14/2)

▶予想配当利回り＝0.12%　▶予想PER＝17.5倍

▶利益剰余金＝4.02億円　▶有利子負債＝2.77億円

ジャスダック
銀メダル
候補銘柄

アイ・ピー・エス（4335）
ヒト・モノ・カネ・情報を有効活用するERPビジネスが伸びる

世界的な巨大企業SAPグループの一員

大阪に本社を置き、関西を地盤に企業向けの情報開発を行なっている。主に、ERPサポート会社として、保守サービスを手がけている。同社は、SAPジャパンのパートナー認定第1号である。日本ではまだSAPグループのなじみは薄いが、従業員6万5000人、世界120カ国に展開する巨大企業だ。売上高は、1兆5500億円を誇る。

同社が手がけるERPとは、企業経営の基礎となるヒト・モノ・カネ・情報を有効活用する情報システムのこと。1972年にドイツで開発されたSAP ERPは、営業販売関連をSD、物流・在庫関連をMM、会計をFI、生産管理をPPといったように、さまざまなモジュールによって構成されている。

これらは、いわゆるデータベースである。ユーザーは販売管理、在庫購買管理、生産計画、財務会計などの業務が連携されることにより、必要とするデータをリアルタイムで確認することができる。ERP関連ビジネスは、今後、安定して伸びるだろう。

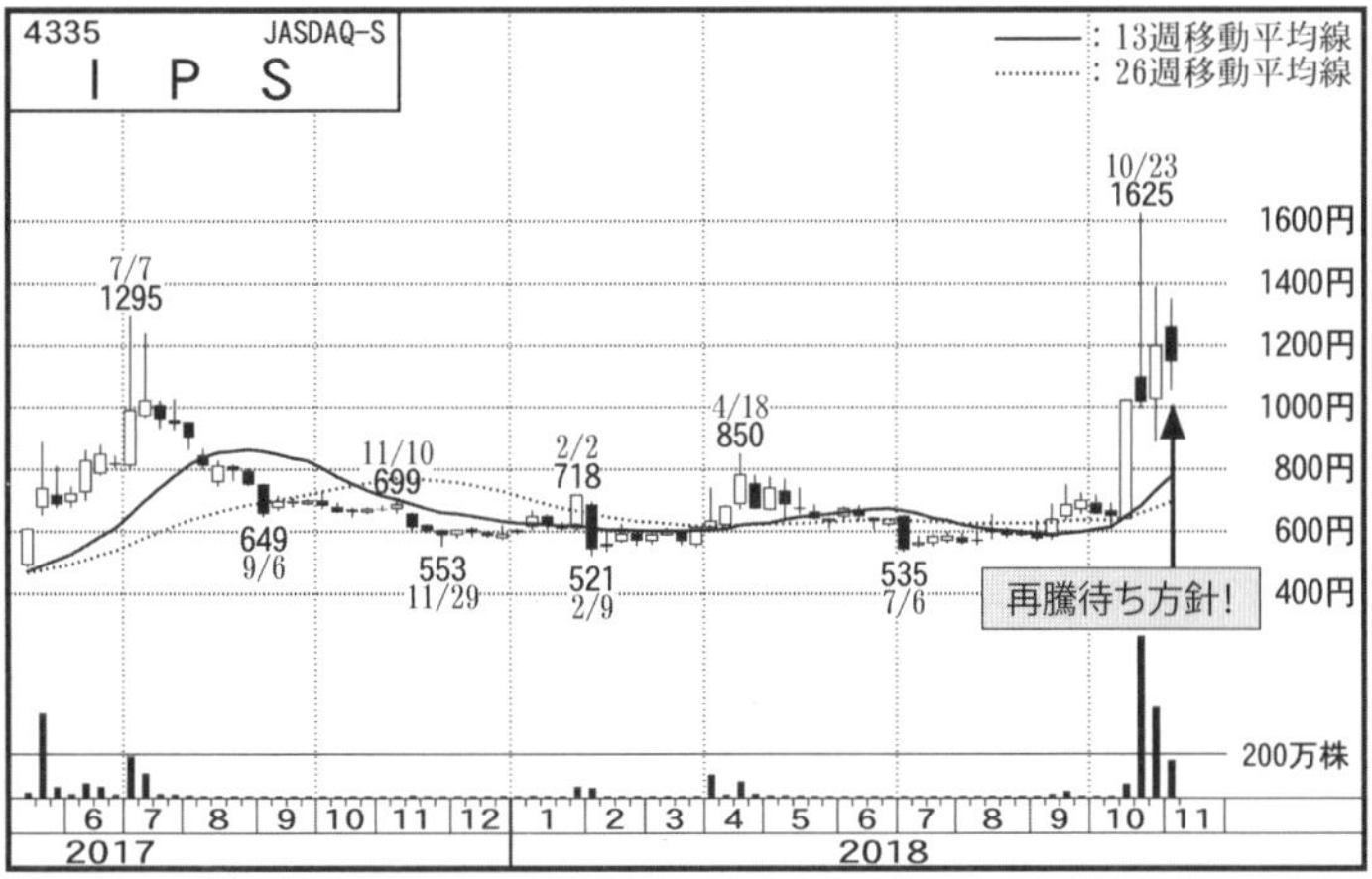

▶**先高期待高まる**　2018年は、600円でスタート。9月までは、おおむね550～750円の間で往来相場を続けていたが、10月に入ると様相が一変。ストップ高を交え、10月23日には1,625円まで駆け上がった。その後、890円まで急落したものの、すかさず1,300円台を回復した。2015年7月には、2,100円まで買われている。

■ 売買単位100株

直近株価＝**850**円 →2019年の目標株価＝**1,200**円

データ

▶5年来高値＝2,100円(15/7)　▶5年来安値＝278円(14/5)

▶予想配当利回り＝0.59%　▶予想PER＝21.1倍

▶利益剰余金＝5.02億円　▶有利子負債＝0円

ジャスダック
銅 メダル
候補銘柄

エヌリンクス（6578）
NHKの営業代行ビジネスの収益が順調に伸びる

業績堅調、不動産仲介・ゲーム攻略サイトも運営

ユニークな会社である。自己資本比率は67・3％、無借金経営を貫いている。もちろん、ユニークなのはこのことではない。売上高の80％が営業代行（NHK事業）となっている。

そう、同社はNHK（日本放送協会）の放送受信料契約・収納代行業務を行なっている。委託業者に支払われる委託費は、受信料収入に影響されることなく、安定して支払われる。実際、2018年の営業経費は増額されている。

「NHK事業」は順調に伸びている。2017年2月期は26億4400万円、2018年2月期は31億3100万円、2019年2月期は37億4700万円といった具合だ。これにより、業績は安定して伸びている。前期に続き、2019年2月期も2ケタ増益が確実視されている。2019年2月期の1株利益は110円、2020年2月期は150円がらみとなろう。

このほか、不動産仲介事業（部屋探し「イエプラ」）、ゲーム攻略サイト「アルテマ」なども手がけている。

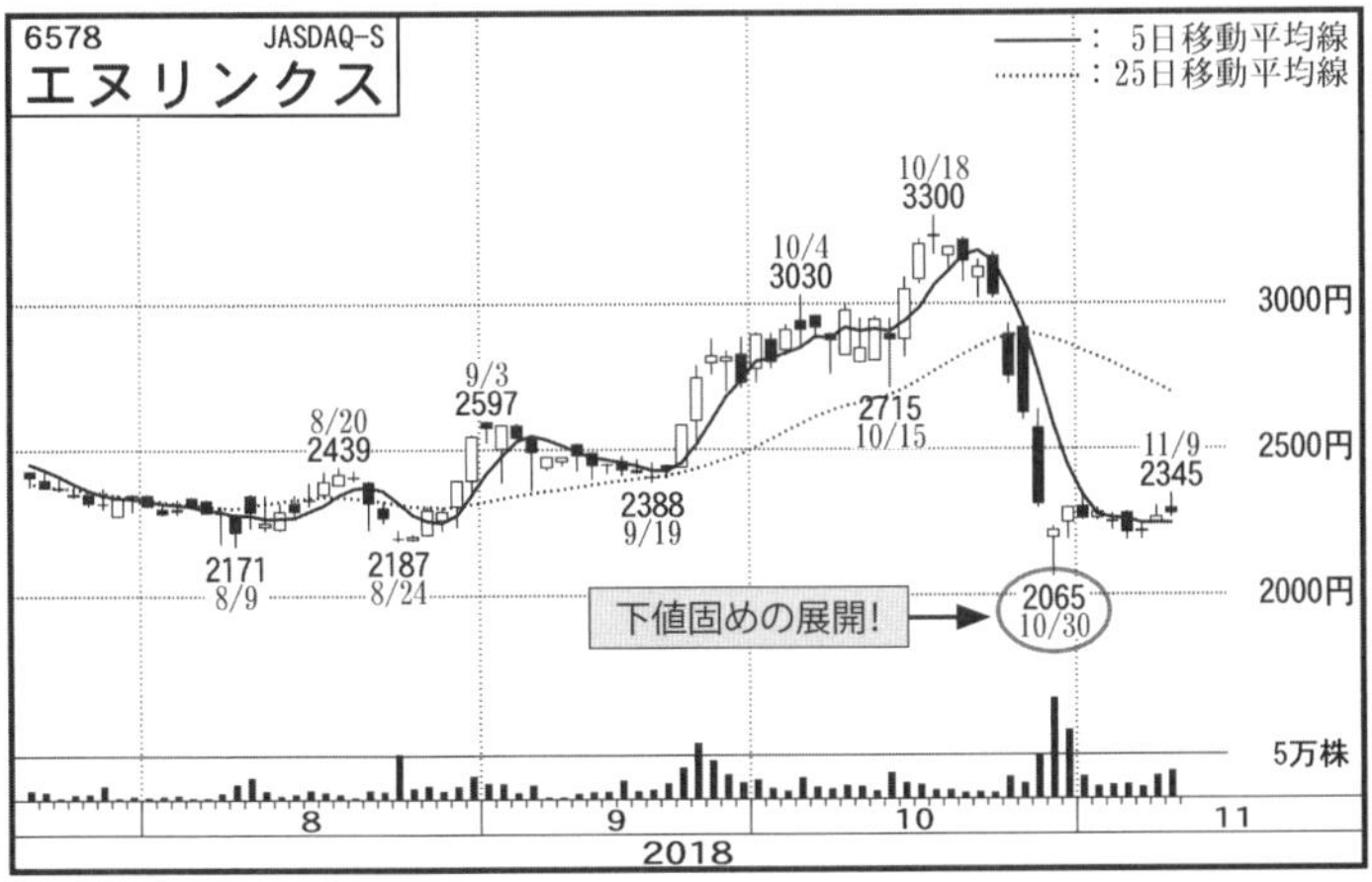

▶**下値買いの好機到来**　2018年の4月27日に新規上場したニューフェイスだ。初値の3,780円がいきなり4,095円まで買われ、これが上場来高値となっている。7月6日には2,020円まで売られたが、10月18日には3,300円へと急反発した。高値と安値の半値は3,058円。直近は2,000円前後で推移しており、この水準は買える。

■ 売買単位100株

直近株価＝**1,950**円 →2019年の目標株価＝**2,400**円

データ

▶5年来高値＝4,095円（18/4）
▶5年来安値＝2,020円（18/7）
▶予想配当利回り＝無配
▶予想PER＝18.1倍
▶利益剰余金＝6.87億円
▶有利子負債＝0円

東証マザーズ
金メダル
候補銘柄

and factory（7035）
高値更新が狙えるスマホ関連のベンチャー企業

前期に続き、2019年8月期も2ケタ増益を見込む

スマホを軸に、さまざまな領域で新たなビジネスの開発に取り組むベンチャー企業だ。同社は、スマホ向けのアプリ開発からスタート、蓄積した技術・ノウハウを独自のアイデアに掛け合わせ、人々の生活を豊かにするサービスの提供をミッションとする。

強みは、ＡＰＰ事業とＩｏＴ事業の両輪を持っていること。ＡＰＰ事業は、50タイトル以上の自社アプリ開発と運用実績を生かし、ツール系アプリ、ゲーム攻略アプリなどを配信している。

ＩｏＴ事業は、ＩｏＴプラットフォーム、ＩｏＴサービスの提供などを行なう。２０１８年10月には、東京電力エナジーパートナーと提携するなど、技術力には定評がある。

業績面では好業績が続くだろう。２０１８年８月期は、最終純益が50・３％もの増益（前期の１億７３００万円が２億６０００万円に）となった。２０１９年８月期は、売上高30億７００万円（60・２％増）、最終純益３億５０００万円（34・６％増）を見込んでいる。１株利益は75円となる。

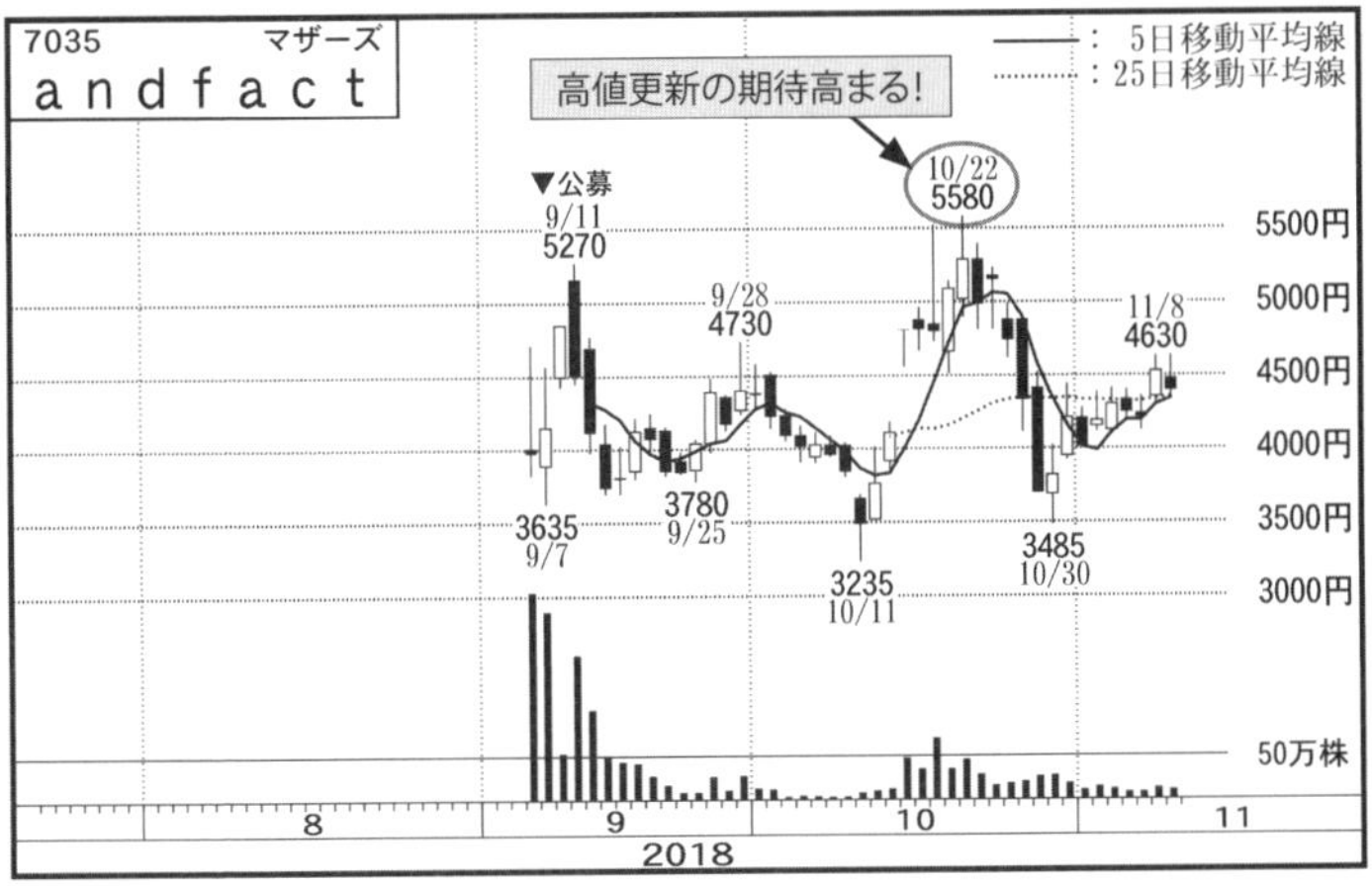

▶**突っ込み買い方針**　この銘柄も、2018年の9月6日に新規上場したばかりのニューフェイスである。4,010円でスタートし、9月11日に5,270円まで買われたが、10月11日には3,235円まで売られた。しかし、同月22日には5,580円と急反発している。直近は、高値と安値の中間近辺で小動きを続けているが、高値更新も期待できる。

■ 売買単位100株

直近株価＝**4,675**円 →2019年の目標株価＝**5,000**円

データ

▶5年来高値＝5,580円(18/10)
▶5年来安値＝3,235円(18/10)
▶予想配当利回り＝無配
▶予想PER＝56.0倍
▶利益剰余金＝2.58億円
▶有利子負債＝5.64億円

東証マザーズ

銀メダル

候補銘柄

アドバンスト・メディア（3773）

音声認識技術に定評、業績も待望の黒字基調が定着

音声入力システムの用途は拡大の一途

音声を文字変換する独自技術を武器に、各種業務用ソフトを開発している。音声入力システムは、最近、ようやく社会に認知され始めた。電子カルテ、議会、会議における入力作業など多方面で使われている。

同社の音声認識技術「ＡｍｉＶｏｉｃｅ」は、従来とは異なり、人が話しかけると機械があたかも人間のように受け答えをし、記録などもしてくれる優れものだ。これはまさに、音声認識を中心とした「知的ヒューマンインターフェース」である。

海外での事業も活発化させている。タイ、香港などがそうだ。ＲＰＡなどと同様、同社のビジネスは業務の効率化ニーズの高まりが追い風となろう。

一方、足元の業績は黒字基調が定着しつつある。２０１８年３月期の最終純益は、前期の赤字が５億２２００万円の黒字に転換した。２０１９年３月期の１株利益は31円、２０２０年３月期は39円前後となろう。収益構造は着実に改善されている。

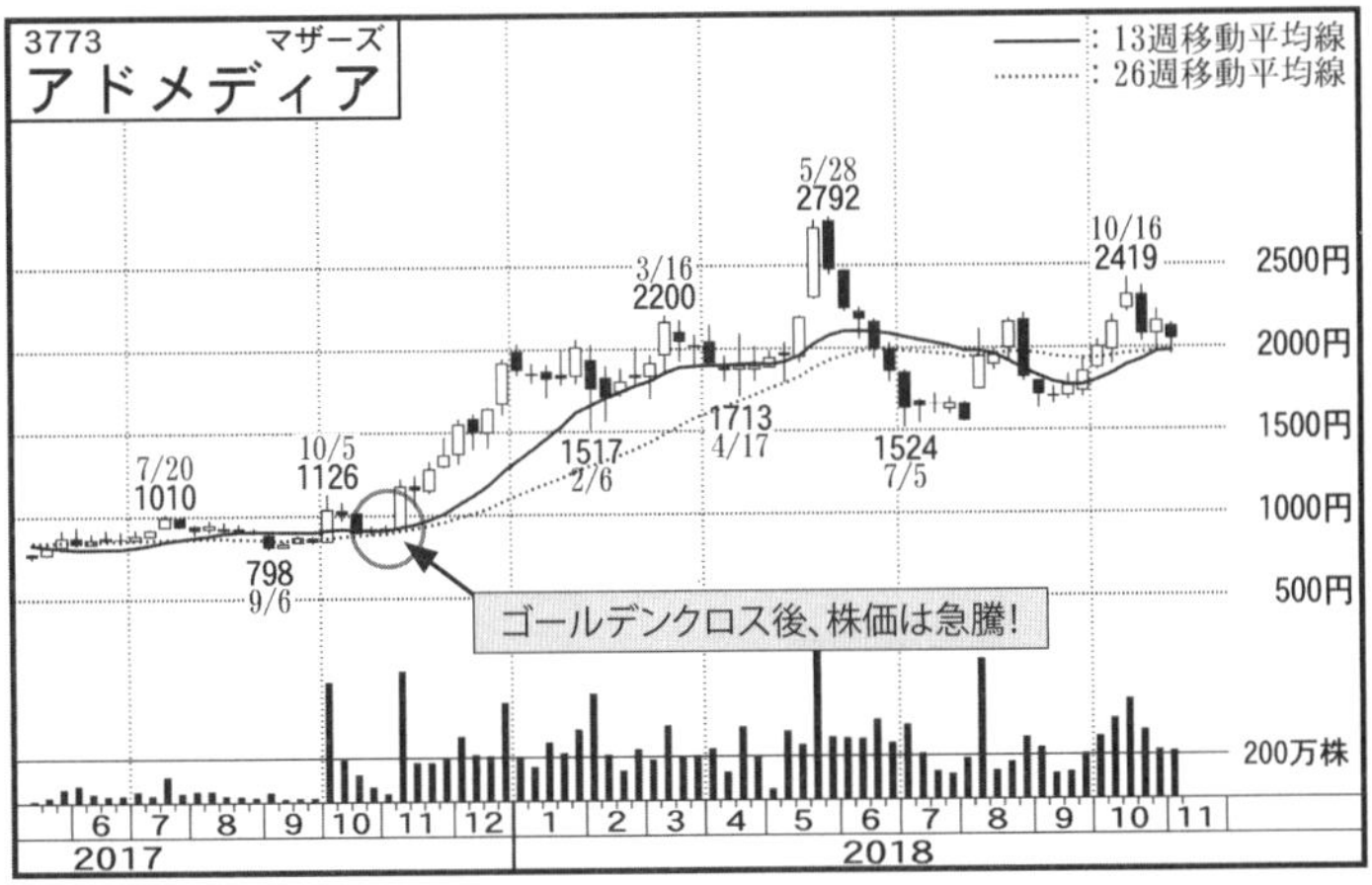

▶**高値追いの公算大**　2018年は1,991円でスタートし、順調に上値を切り上げた。5月28日には2,792円をつけている。これは、上昇率40.2%に相当する。直近は1,700円がらみだが、秋口には13週線が26週線を上抜いた。2017年10月には、ゴールデンクロス後に急騰した経緯がある。2013年5月には、2,935円の高値をつけている。

■ 売買単位100株

直近株価=**1,750**円 →2019年の目標株価=**2,000**円

データ

▶5年来高値=2,792円(18/5)
▶5年来安値=550円(15/8)
▶予想配当利回り=無配
▶予想PER=54.6倍
▶利益剰余金=▲36.97億円
▶有利子負債=1.65億円

東証マザーズ

銅 メダル 候補銘柄

マネーフォワード（3994）

700万人のユーザー基盤をベースに積極経営を展開中

家計簿の「見える化効果」は抜群、旺盛な先行投資に期待高まる

足元の業績はさえない（赤字基調）。だが、将来性は買える。この点は第5章で取り上げたメルカリなどと似ている。同社のメインビジネスは、自動家計簿サービスの「マネーフォワード」、経済メディアの「ＭＯＮＥＹ　ＰＬＵＳ」、ＭＦクラウドサービスの運営である。

なかでも、７００万人のユーザーがいるとされるマネーフォワードは、レシートをスマホで撮影するだけで項目や店舗が自動的に家計簿に反映される。この結果、家計簿、資産などのグラフ・表が自動的に作成され、それを毎日見ることにより、節約意識が自然と高まるという。すなわち、家計簿の「見える化効果」だろう。

このほか、ＭＦクラウドサービスには、「ＭＦクラウド会計」「ＭＦクラウド確定申告」「ＭＦクラウド請求書」「ＭＦクラウド給与」などがある。これらの事業は先行投資で行なっているため、業績的には赤字が続いている。もちろん、無配だ。当分は、顧客基盤の拡大を優先する。しかし、２０２０年11月期以降には、水面上に浮上するだろう。

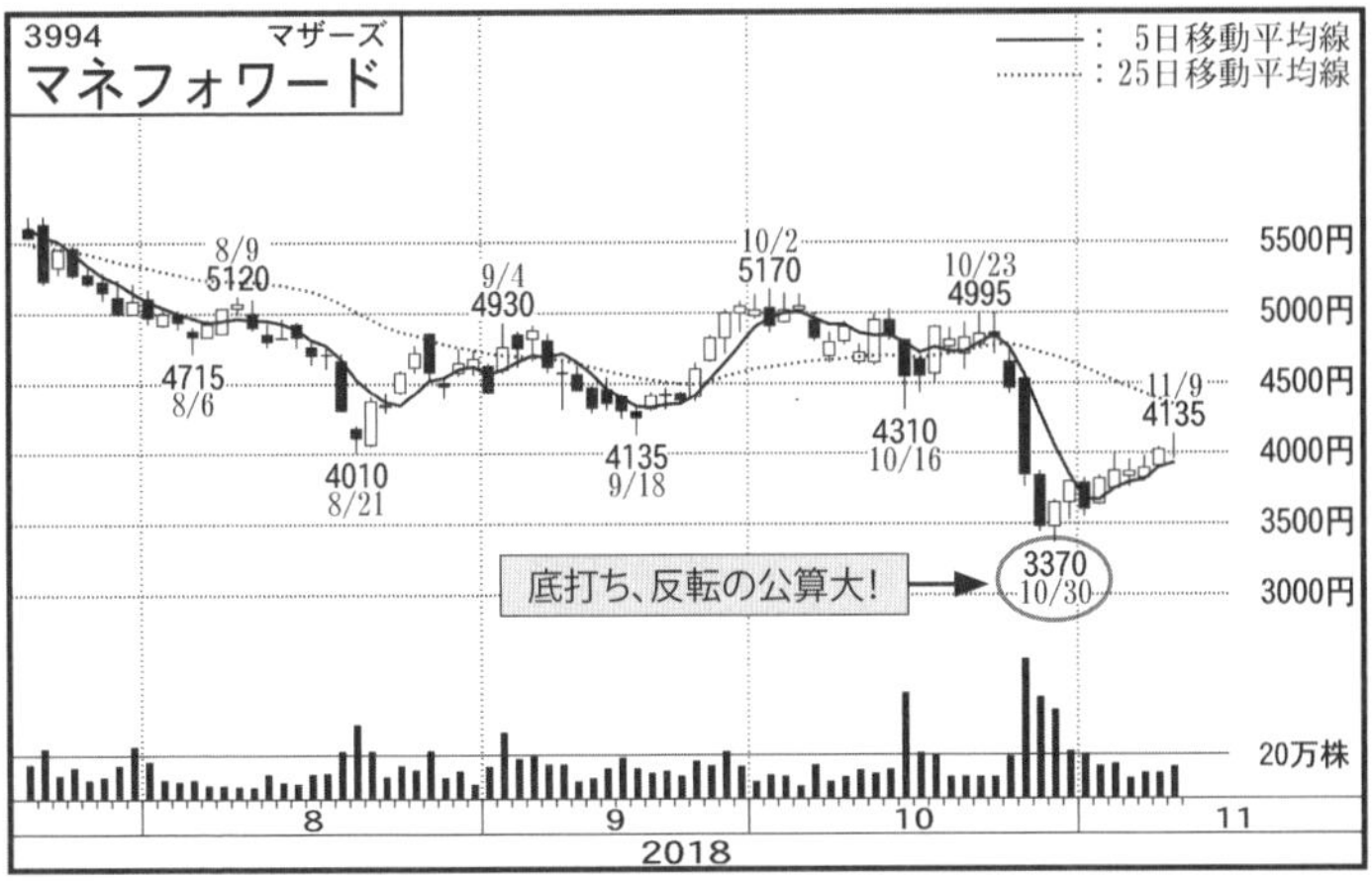

▶絶好の押し目を形成中　2017年の9月末に上場し、初値3,000円でスタートした。直後の10月10日に2,692円まで下げたが、それ以降一度もこの水準を下回ることなく、上値を切り上げた。2018年の3月19日には、全般相場の急落をものともせず、6,380円まで買われている。直近は下値圏で推移しており、仕込みの好機だ。

■ 売買単位100株

直近株価＝3,645円 →2019年の目標株価＝4,900円

データ

▶5年来高値＝6,380円(18/3)　▶5年来安値＝2,692円(17/10)

▶予想配当利回り＝無配　▶予想PER＝ ――

▶利益剰余金＝▲2.90億円　▶有利子負債＝21.10億円

〈著者略歴〉

杉村 富生（すぎむら・とみお）

◎——経済評論家、個人投資家応援団長。
◎——1949年、熊本生まれ。明治大学法学部卒業。「個人投資家サイドに立つ」ことをモットーに掲げ、軽妙な語り口と分かりやすい経済・市場分析、鋭い株価分析に定評がある。兜町における有望株発掘の第一人者といわれ、事実、数々のヒット銘柄を輩出している。金融・経済界に強力なネットワークを持ち、情報の正確さや豊富さでは他を圧倒している。
◎——ラジオNIKKEI『ザ・マネー』などにレギュラー出演中。株式講演会も好評を得ており、全国各地に熱烈な“杉村ファン”がいる。
◎——主な著書は『東京オリンピックまであと2年 新成長株で勝負せよ！』『東京オリンピックまであと3年 株は金銀銅銘柄で完勝だ!!』『これから10年 株で「1億」つくる！』(小社)、『株長者が絶対にハズさない「売り」「買い」サインはこれだ！』『あなたも株長者になれる39の秘訣』(ビジネス社) など。これまでの著書は100冊を超える。

装丁 ………………………… 菊池 祐（ライラック）
本文デザイン・イラスト … 笹森 識
本文校正 …………………… 相良 孝道
チャートデータ提供 ……… ゴールデン・チャート社、日本経済新聞社

攻めにも守りにも強い！
株は100万 3点買いで儲けなさい！

2018年12月25日　第1刷発行

著　者——杉村 富生
発行者——徳留 慶太郎
発行所——株式会社すばる舎
〒170-0013　東京都豊島区東池袋3-9-7 東池袋織本ビル
TEL　03-3981-8651（代表）　03-3981-0767（営業部）
振替　00140-7-116563
URL　http://www.subarusya.jp/
印　刷——図書印刷株式会社

ISBN978-4-7991-0766-9